TÜRKMEN
Als Mama mit der Lampe sprach

Über die Autorin:

Nilüfer »Nelly« Türkmen schreibt die Geschichte ihrer Kindheit und Jugend unter Klarnamen und mit Erlaubnis der Mutter. Die Masterstudentin ist in der Aufklärungsarbeit zu psychischen Erkrankungen aktiv und besucht ihre Mutter regelmäßig in dem Heim für betreutes Wohnen, in dem sie heute lebt. Sie wünscht sich, dass wir alle netter mit psychisch kranken Menschen umgehen würden.

Nilüfer Türkmen

Als Mama mit der Lampe sprach

Meine Kindheit mit einer schizophrenen Mutter

Die Originalausgabe erschien 2021 bei Bastei Lübbe

Dieser Titel ist auch als E-Book bei Bastei Lübbe erschienen.

*Die Geschehnisse in diesem Buch haben sich so abgespielt
wie geschildert. Zur Wahrung der Rechte der Personen
wurden einige Namen, Orte und Details geändert.
Die Sprache meiner Mutter wollte ich so wiedergeben, wie sie ist,
Neologismen und zerfahrene Gedanken sind Symptome
ihrer Erkrankung und keine »Fehler«.*

2. Auflage
Wiederveröffentlichung © 2023 Nilüfer Türkmen
Copyright © der Originalausgabe 2021 by Bastei LübbeAG, Köln
Textredaktion: Angela Küpper, München
Textzeilen Seite 145 aus dem Song *Time To Wonder*
von Fury in the Slaughterhouse, 1988 Pinpoint Records, Worpswede
Titelillustration: © Alicia Lampe, Köln
Umschlaggestaltung: Alicia Lampe,Köln
Satz: hanseatenSatz-bremen, Bremen
Gesetztaus der Adobe Garamond Pro
Herstellung und Verlag: BoD – Books on Demand, Norderstedt
Printed in Germany

ISBN 978-3-758-31669-2

www.niluefertuerkmen.de

Wenn du Steine statt Federn auf deinem Weg findest,
wirst du dir daraus keine Flügel bauen können,
aber dafür einen Berg, der mit dir wächst und
dich bis über den Horizont blicken lässt.

Inhalt

Vorwort   9

1   Ich schließe meine Augen und hülle mich ein   15

2   Kann meine Gelbsucht vom Kaffee sein?   35

3   Der Magier spricht zu mir   52

4   »Diese Züge sind nicht von dir!«   80

5   Mein Magen, ergriffen von Hexerei   93

6   Lässt das Denken nicht mehr frei   116

7   Unbehaust, verfolgt von Gestalten   146

8   Im Dunklen, im Rauch und im Kalten   161

Nachwort   180

Briefe meiner Mutter   186

Danksagung   215

Vorwort

Es ist ein ganz normaler Tag kurz nach meinem fünften Geburtstag. Meine Mutter und ich halten uns im Wohnzimmer auf, so wie meistens. Sie sitzt auf unserem Sofa mit den vielen Brandflecken und Löchern in den Polstern, während ich mich in eine Ecke dahinter verzogen habe. Die Wände um mich herum sind durch den ständigen Zigarettenrauch stark vergilbt. Die Tapete hat einige Risse vorzuweisen, da meine Mutter oft denkt, dass sich überall Kakerlaken eingenistet haben, und in allen Winkeln und Ecken nach ihnen sucht.

Doch nicht heute. Heute spiele ich mit meinen Plüschtieren, und meine Mutter redet wie so oft mit dem Spion, der in unserer Deckenlampe versteckt ist.

»Ich stehle hier keine Bettwäsche … Nein … Ich stehle auch nichts von kleinen Kindern!«, sagt sie. »Manchmal muss man Bettwäsche klauen, auch von kleinen Kindern, um Gelder zu machen. Das ist logisch …«

Die Deckenlampe besteht aus einer einzigen Glühbirne, die mitten im Raum herunterbaumelt. Auch das Kabel, an dem die Glühbirne hängt, ist gelb von dem ganzen Zigarettenrauch.

Was immer der Spion zu meiner Mutter gesagt hat – jetzt wendet sie sich an Michael, ihren Magier, und fragt ihn um Rat. Er ist nicht im selben Raum, deshalb muss meine Mutter über unsere Deckenlampe Kontakt zu ihm aufnehmen. Immer wenn sie mit ihm spricht, schaut sie hoch. Dann sieht es so aus, als würde sie die Decke fixieren und auf eine Antwort warten. Wenige Sekunden später bekommt sie tatsächlich eine, behauptet sie. Was genau sie mit ihrem Magier bespricht, weiß ich nicht, da ich nur ihre Seite des Gesprächs mithören kann. Manchmal unterhält sie sich mit ihm auf Französisch und manchmal auf Englisch, damit ich von den geheimen Machenschaften in dieser Welt nichts mitbekomme.

Doch heute spricht meine Mutter Deutsch. Also bleibt mir wieder einmal nicht erspart, mitanzuhören, wer uns alles ermorden will: Oma und Opa, die laut meiner Mutter nicht mit uns blutsverwandt sind. Ebenso Tante und Onkel, die sie als ihre Stiefgeschwister bezeichnet.

Während sie dem Magier lauscht, holt meine Mutter tief Luft, ihre Augen werden größer, und ihre Stimme wird rauer und bedrohlicher. »Geh nicht zu Oma, sie ist gefährlich«, raunt sie mir zu. »Sie will unser Essen stehlen und uns ermorden, weil wir nicht genügend Müll gemacht haben, um unsere Schulden zu decken.«

Jetzt steht sie auf und hebt den Zeigefinger. Dann wendet sie sich erneut dem Spion in der Deckenlampe zu und spricht kurz darauf wieder mit unserem Magier.

Ich hinterfrage nicht, was sie da tut, denn ich habe mich längst an ihr Verhalten gewöhnt. Zwar kann ich die

Personen nie sehen, mit denen meine Mutter redet und oft auch streitet, aber ich kann sehen, wenn sie sich von jemandem bedroht fühlt. Dann krümmt sie sich zusammen, steht auf und wandert nervös vom Wohnzimmer in die Küche und wieder zurück; manchmal versteckt sie sich auch unter der Bettdecke. Es gibt Zeiten, in denen nicht nur der Spion oder übel meinende Verwandte uns etwas anhexen wollen, sondern auch der Magier, obwohl meine Mutter ihn zu unserem Wohl eingestellt hat. In solchen Momenten schreit und schimpft sie laut, manchmal bleibt sie auch einfach stumm, macht große Augen und deutet mit dem Zeigefinger in eine Richtung.

Diese Auseinandersetzungen führen meist dazu, dass sie keine Zeit hat, etwas für mich zu kochen. Sie ist zu sehr damit beschäftigt, uns vor den bösen Gestalten, die uns etwas antun wollen, zu beschützen und zu verteidigen. Dann muss ich mir selbst etwas zu essen machen. Das kann ich, denn ich habe meiner Mutter dabei zugeguckt, wie sie Suppe kocht. Meistens Fertigsuppen, die gehen ganz leicht. Aber nicht immer sind welche da. Zwar ist meine Mutter in der Lage, einkaufen zu gehen, versäumt dies jedoch oft wegen der starken Medikamente, die sie einnehmen muss. Sie machen so müde, dass meine Mutter auch tagsüber die meiste Zeit schläft. Doch ich weiß mir zu helfen und esse das, was da ist.

Heute nehme ich die Karotten aus dem Meerschweinchenkäfig, schneide sie in kleine Stücke, gebe etwas Fertiggewürz aus der Tiefkühltruhe hinzu und koche sie in einem Kochtopf voll Wasser. Das schaffe ich richtig gut. Ich nehme eine Scheibe Toastbrot aus der

Packung und tunke es in die Suppe, das habe ich mir bei meiner Oma abgeschaut.

Meistens aber esse ich Schokolade und trinke ganz viel Multivitaminsaft. Meine Mutter sagt nämlich, dass ich etwas Gesundes zum Ungesunden nehmen muss, damit mir nichts passiert.

Heute ist einer der Tage, an denen die Halluzinationen und der Verfolgungswahn besonders stark sind. An denen die Gefahr überall lauert, in jeder Wand, in jedem Objekt und in jedem Menschen. Daher darf ich auch nicht raus, es ist draußen einfach zu gefährlich. Angst habe ich eigentlich keine. Ich würde am liebsten jede Minute im Freien verbringen. Auf Hügel steigen, auf Bäume klettern oder auf feuchtem Rasen Fußball spielen – das liebe ich! Ich weiß auch nicht, welche Gefahren dort auf mich warten sollen. Vielleicht, weil ich nicht immer so genau hinhöre, was meine Mutter redet, da es mir zu anstrengend wird. Laut ihr sind meine Freunde nämlich auch gefährlich, und das weiß ich besser.

Nachdem ich gegessen habe, stelle ich den Fernseher an und gucke eine Krimisendung. Meine Mutter sitzt neben mir und zündet sich eine neue Zigarette an. Sie hat nichts dagegen, dass ich Krimis schaue, doch ständig mischt sie sich in die Handlung ein. Sie ist überzeugt, dass die Hauptdarstellerin der Serie vergewaltigt wird – ein Wort, das ich immer wieder höre, denn in der Welt meiner Mutter besteht ständig die Gefahr, vergewaltigt zu werden. Nach und nach macht sie sich die Handlung zu eigen, erzählt von jemandem, den sie kennt, dem angeblich etwas Ähnliches passiert sei, und ist sich schließlich ganz sicher, dass es sich bei der Tat um einen Ehrenmord handelt. Wie so oft trichtert sie mir ein, dass auch ich ein Opfer werden kann: dann nämlich, wenn ich Tim aus dem Kindergarten heirate. Das würde meine türkische Familie niemals dulden.

Ich bin ihre Kommentare längst gewohnt und versuche, mich ganz auf den Bildschirm zu konzentrieren. Dass ich Krimis schaue, finden die Erwachsenen, denen ich davon erzähle, gar nicht gut, weil ich zu jung für solche Sendungen sei. Wenn sie so etwas sagen, fühle ich mich nicht ernst genommen, weil ich mit meinen fünf Jahren schon viel Schlimmeres gesehen habe, als im Fernsehen gezeigt wird, und ich fast alles verstehe von dem, was dort gesagt wird. Ich verstehe auch mehr von den Qualen meiner Mutter als jeder Sozialarbeiter oder Verwandte, der mich über ihre Erkrankung aufklären will.

»Ich weiß«, antworte ich dann immer und ernte einen erstaunten und zugleich irritierten Gesichtsausdruck. Denn auch wenn das Verhalten meiner Mutter für mich normal ist, habe ich inzwischen begriffen, dass sie anders ist als andere Mütter und mein Zuhause sich stark von dem meiner Kindergartenfreunde unterscheidet.

Das war jedoch nicht immer so. Am Anfang meines Lebens kam mir alles ganz normal vor. Da gab es nur sie und mich und Baba, meinen geliebten Vater …

1

Ich schließe meine Augen
und hülle mich ein

Meine Eltern lernten sich vier Jahre vor meiner Geburt in Bremen kennen. Meine Mutter lebte zu der Zeit schon lange in Deutschland, sie war mit ihren Eltern und Geschwistern im Zuge der Gastarbeiterbewegung in den Siebzigerjahren aus der Türkei immigriert. Mein Vater war erst 1993 auf der Suche nach Arbeit aus Aydin nach Bremen gekommen. Eines Tages sprach er meine Mutter vor einem Blumenladen an. Anfangs war meine Mutter eher zögerlich, was ihn betraf. Einmal, als sie sich gerade erst kennenlernten, rief er sie an, doch sie war drauf und dran, aufzulegen, weil er so eine weibliche Stimme hatte. Sie erzählte mir, sie habe gedacht, jemand wolle sie auf den Arm nehmen. »Sie sind eine Frau, Sie sind nicht Ibrahim! Was wollen Sie denn von mir?«, sagte sie in den Hörer und beendete das Gespräch. Das fand ich ziemlich lustig. Ein Jahr später heirateten die beiden und lebten gemeinsam in einer Wohnung im Bremer Stadtteil Blockdiek.

Mehrere Monate nachdem ich im Herbst 1997 in Bremen geboren worden war, flogen wir in die Türkei, in das Dorf meines Vaters. Auch wenn ich noch sehr klein war, meine ich mich an das warme Gefühl zu erinnern, das mich umfing, als ich während des Hinflugs an der Brust meines Vaters schlief. Da wusste ich noch gar nicht, was mich alles erwartete. Ich wusste auch nicht, *wer* mich alles erwartete – der andere Teil meiner Familie nämlich, die Seite meines Vaters.

Mein Vater war bereits mit einer anderen Frau verheiratet, mit der er Kinder hatte, bevor meine Mutter und er sich kennenlernten. Das verstand ich erst, als ich älter war und meine Anneanne, meine Großmutter mütterlicherseits, mir erklärte, dass der Islam einem Mann bis zu vier Ehefrauen erlaube, auch wenn in der Türkei die Vielehe seit einer ganzen Weile offiziell verboten sei. Deshalb hatte ich auch noch einen Halbbruder aus der allerersten Ehe meines Vaters, aber der war schon groß und hatte seine eigene Familie.

Das Haus, in dem wir fortan wohnten, hatte mein Vater eigenhändig gebaut. Und man muss dazusagen: Mein Vater war weder Ingenieur noch Bauarbeiter. Es war ein mitgenommenes, schiefes graues Haus mit Rissen in den Wänden. Auch war es ziemlich klein und hatte nur ein Stockwerk. So richtig bewusst wurde mir das aber erst, als ich zehn Jahre später Kontakt zu der Familie meines Vaters aufnahm und die Vergangenheit Revue passieren ließ. Als Kleinkind war es mir egal, wie brüchig und arm unser Haus aussah. Um mich sicher zu fühlen, brauchte ich nur meine Eltern. Mein Vater war einfach mein Superheld, und ich war stolz, dass er unser Haus selbst errichtet hatte. Mir fiel es damals auch gar nicht auf, wie beengt die Räume waren. Logisch, ich war ja selbst klein. (Obwohl, eigentlich bin ich es immer noch mit meinen eins dreiundfünfzig, würden meine Freunde jetzt sagen …)

Während ich heranwuchs, dachte ich nie darüber nach, ob das Haus in der Türkei für immer mein Zuhause bleiben würde. Aber damals wünschte ich es mir. Das Haus lag in einem kleinen Dorf südöstlich von Izmir, nahe der Stadt Aydin. Die Umgebung gab nicht viel her: eine Grundschule, ein paar kleine Läden und eine Apotheke im Nachbardorf. Die Landschaft war hügelig, die Mauern heruntergekommen und einige Häuser, so wie auch unseres, einsturzgefährdet.

Ein paar Stufen hinaufklettern, und schon stand ich vor der Haustür. Der Flur war lang. Der erste Raum auf der rechten Seite war die Küche. Der Tisch stand direkt am Küchenfenster. Links in der Ecke war die Küchenzeile. Durch das Fenster hatte man den Blick in den Garten. Gegenüber der Küche befand sich das Schlafzimmer meines Vaters. Dort schlief auch die Mutter meiner Halbgeschwister. Das war schwer auszuhalten für meine Mutter, wie sie mir Jahre später erzählte. Mein Halbbruder Abi Tahir, meine Halbschwester Abla Elif, meine Mutter und ich schliefen gemeinsam in einem anderen Zimmer. Es war weiß und kahl, Matratzen lagen auf dem Boden verteilt. Geradeaus den Flur entlang gelangte man zu einem Abstellraum.

Schon bald hatte ich Freunde im Dorf – zwei Zwillingsmädchen in meinem Alter, Yonca und Yade. Die beiden wohnten nicht weit von uns, aus dem Haus heraus und an der roten Mauer entlang auf der rechten Seite. Ihr Haus war nicht so stabil gebaut wie unseres. Kartons, Bleche und Holz schützten vor Regen und Wind.

Ganz in der Nähe lebte auch Babaanne, meine Großmutter väterlicherseits. Meist aßen wir bei ihr, doch meine Mutter pflegte ihr gegenüber Misstrauen. »Sie hat dir und Baba tagelang nichts zu essen gegeben und dir alles weggegessen, du wärst fast verhungert und gestorben«, schimpfte sie. Diesen Eindruck hatte ich gar nicht, ich fühlte mich wohl in Babaannes Gegenwart.

Anders als bei der Mutter meiner Halbgeschwister. Da spürte ich bald, dass wir nicht willkommen waren. Ich war ein ziemlich überdrehtes Kind, das nicht lange stillsitzen konnte und immer draußen spielen wollte. Vor allem spielen! Das ging ihr abends natürlich gegen den Strich. Ich wollte raus, aber sie schrie mich an und sagte, dass es regne und gewittere. Als ich nicht lockerließ, schickte sie mich vor die Tür in den kalten Regen und ließ mich nicht wieder rein. Dort stand ich so lange, bis meine Mutter es mitbekam und mich reinholte.

Doch auch wenn ich die andere Frau meines Babas nicht mochte, hatte meine Mutter ein viel größeres Problem mit ihr. Sie stritten sich um Baba. Beide waren mit ihm verheiratet, und beide liebten ihn, wollten ihn aber für sich allein. Das konnte ich erst nachvollziehen, als ich älter war.

Wegen der ganzen Streitereien, die bei uns tagtäglich herrschten, versuchte ich oft, mit Baba allein zu sein oder mich anderweitig zu beschäftigen. Das Nokia-Handy meines Halbbruders Tahir faszinierte mich. Es

18

hatte ein grün leuchtendes Display und eine Tasche, die man sich an den Gürtel schnallen konnte. Ich durfte damit spielen, auch wenn ich gar nicht wusste, wie es funktionierte. Ich drückte einfach irgendwelche Tasten, das reichte mir schon als Beschäftigung.

Meine Halbschwester Elif hatte leider nicht viel Zeit für mich, weil sie vormittags zur Schule musste. Manchmal weinte ich, weil ich mitwollte. Ich versuchte ihr hinterherzurennen, aber jedes Mal hielt mich ihre Mutter davon ab. Kaum war ich losgerannt, fing sie mich wieder ein und trug mich zurück ins Haus. Die Haustür blieb so lange verschlossen, bis meine Halbschwester nicht mehr zu sehen war. Wenn sie mittags wiederkam, machte ich große Freudensprünge und rief: »Ablam geliyor – meine Schwester kommt!« Doch auch am Nachmittag konnte Elif nur selten mit mir spielen, da sie ihre Hausaufgaben machen musste.

Wenn meine Halbgeschwister keine Zeit für mich hatten, ging ich manchmal zu meiner Großmutter Babaanne, half ihr beim Kochen und fütterte mit ihr die Hühner.

Hühner, so fand ich, waren lustige Wesen. Außer wenn sie mir das Futter aus der Hand pickten. Sie erinnerten mich komischerweise an die andere Ehefrau meines Vaters. Auch wenn sie sich vom Äußeren her überhaupt nicht ähnelten, war es dieses ständige Picken, was sie gemeinsam hatten. Das tat weh und war lästig. So fühlte sich das immer an, wenn sie fies zu mir war. So distanziert. Als könnte sie mich gar nicht leiden. Mir gefiel der Gedanke, sie mit einem Huhn zu vergleichen.

Und das tat ich dann auch. So war es für mich einfacher, mit ihr zusammenzuleben.

Im Stillen dachte ich oft, dass sie die Dinge, die sie zu mir sagte, in Wirklichkeit gar nicht so meinte. Wenn meine Mutter in der Nähe war, war sie ausgesprochen nett zu mir. Aber wenn meine Mutter nur einmal wegsah, machte sie einen vollkommen anderen Gesichtsausdruck, so böse und hinterlistig. Genau wie die Hühner, bevor sie nach mir pickten. Die taten das auch nur dann, wenn meine Großmutter Babaanne nicht hinsah – dachte ich jedenfalls.

Am liebsten lag ich bei Baba in seinem Krankenbett. Mein Vater war schon vor meiner Geburt erkrankt, aber so schlimm wie in den Jahren nach seiner Rückkehr in die Türkei war es noch nie gewesen. Er hatte immer stehen und gehen können, doch jetzt mussten wir ihm einen Rollstuhl besorgen, weil er auf einmal gar nicht mehr laufen konnte. So kam es, dass ich die meiste Zeit des Tages bei ihm in seinem Bett verbrachte. Wir redeten viel. Mein Vater schrieb Gedichte und Balladen, von denen er mir erzählte. Er sagte mir oft, dass wir unsere Träume und Wünsche mit ins Grab nehmen würden.

Ich verstand noch nicht, was er damit meinte. Aber mir gefiel der Gedanke, etwas zu haben, mit dem man zusammen starb. Wie einen Teddy, mit dem man sich beerdigen ließ, so stellte ich mir das vor. Jahre später dachte ich über die Worte meines Vaters nach und fand es schade, seine Wünsche und Träume mit ins Grab zu nehmen, statt sie zu leben. Ich fragte mich, was seine

Träume gewesen waren und was er sich im Leben oder vom Leben gewünscht hatte …

Baba und ich redeten auch viel über meine Mutter, die damals bereits sehr krank war. Ich hatte selbst bemerkt, dass mit ihr irgendetwas anders war als mit den Menschen, die ich bisher kennengelernt hatte. Schon als Kind beobachtete ich viel, und Unehrlichkeit fiel mir sofort auf. Einmal hatten mein Vater und ich Hunger und baten sie, uns etwas zu essen einzukaufen. Sie trat vor die Haustür und blieb dort eine Weile stehen, wie wir durchs Fenster beobachten konnten. Irgendwann kam sie wieder herein und sagte, dass alle Läden geschlossen hätten. So verbrachten wir den Tag ohne Essen, und hinterher behauptete sie, mein Vater sei schuld, weil er uns hintergangen habe. Das verstand ich nicht.

Dafür gab es dann am nächsten Tag riesige Melonen, die ich ganz allein mit meinem Vater auf dem Wohnzimmerteppich aß. Hinterher war ich superstolz auf uns, weil wir so viel gegessen hatten. Mein Mund war komplett rot und mein Bauch rund wie eine Melone.

Später legte ich mich, wie so oft, für den Mittagsschlaf zu meinem Vater ins Krankenbett. An seine Schulter geschmiegt fühlte ich mich sicher und konnte wie immer gleich einschlafen.

Eine Weile darauf sagte er zu mir: »Nilüfer, du musst stark sein, denn schon bald werde ich nicht mehr an deiner Seite sein, um dich zu unterstützen.« Was genau er mit Letzterem meinte, war mir nicht klar, auch wenn ich wusste, wie krank und schwach er war. Schließlich saß er im Rollstuhl.

Ich war vier Jahre alt, als ich spürte, dass er immer kränker wurde. Innerlich war ich auf den Moment seines Todes schon lange vorbereitet, auch wenn mir das nicht bewusst war. Alles, was er sagte, klang jetzt so traurig. Wir konnten nicht mehr gemeinsam spielen, wenn er im Bett lag oder im Rollstuhl saß, und er konnte mich auch nicht mehr durch die Gegend schleudern. Das hatte er immer gemacht, als ich noch viel, viel kleiner gewesen war. Vielleicht war ich ja zu groß und schwer dafür geworden.

In den kommenden Wochen sah Baba so niedergeschlagen aus und war viel ruhiger als zuvor. Er hatte sonst immer so viel geredet, dass ich mir manchmal die Ohren zugehalten hatte, erzählte mir einmal Anneanne. Aber jetzt lag ich weiterhin die meiste Zeit an der Seite meines Vaters und lauschte seinen Geschichten, Gedichten und Balladen.

Als ich Jahre später die Verwandtschaft in der Türkei besuchte, gab mir mein Onkel ein Foto, auf dem mein Vater abgebildet war. Er schenkte es mir, und ich bewahre es seither in meiner Erinnerungskiste auf.

Auf die Rückseite des Bildes hatte mein Vater ein Gedicht geschrieben:

Yaşayanlar bir gün ölür
ölenler hemen gömülür
bu çansız hayalim ne olur
nede gömülür.

Die Lebenden werden eines Tages sterben,
die Toten werden sofort begraben.
Dieser leblose Traum wird weder sterben
noch begraben werden.

Baba und ich träumten beide davon, Berge zu erklimmen
und mit dem Motorrad durch die Gegend zu fahren.
»Das können wir jetzt leider nicht mehr tun«, sagte er
eines Tages. Ich schätzte, das sagte er, weil er auf einen
Rollstuhl angewiesen war, und versuchte, mir die Enttäuschung nicht anmerken zu lassen.

Ich war die Erste, die ihn fand. Leise betrat ich den
Raum, während das Knarren der Tür die Stille durchbrach. Sogleich machte sich auf meiner Haut eine Kühle
bemerkbar, die meinen ganzen Körper durchdrang. Ich
setzte einen Fuß vor den anderen – zögernd. Und legte
mich zu dem leblosen Körper, der mir nun zu Füßen lag.
  Kahl war der Raum schon immer gewesen, nur fiel
mir die Leere erst jetzt auf, als ich der Stille lauschte. Ich
schreckte nicht davor zurück, meinen Vater zu berühren,
auch wenn es wehtat, ihn so zu sehen. Er fühlte sich kalt
an. Ich lehnte den Kopf an seine Schulter, so wie immer,
wenn er wach in seinem Krankenbett lag und mir von
seinen Geschichten und Gedichten erzählte.
  Es war schwer, die Stille auszuhalten, da ich sie nicht
gewohnt war. So schwer, dass ich mir die Ohren zuhalten musste und Lieder summte, die wir einst gemeinsam

gesungen hatten. Und dabei machte ich mich klein. So klein, dass die Leere nicht nur den Raum füllte, sondern auch mich. Vielleicht aus Unsicherheit, vielleicht aber auch aus Angst. Ich machte mich so lange klein, bis uns jemand fand, uns die Leere nahm und die Stille durchbrach.

All die Jahre über, die ich mit meinem Baba verbracht hatte, hatte ich Zeit gehabt, um Abschied nehmen zu können. Es traf mich nicht wie ein Schlag, da ich innerlich gespürt hatte, dass es ihm immer schlechter ging und nicht mehr lange dauern würde, bis seine Kräfte ihn im Stich lassen würden. Es war dieser Moment, in dem ich mich zu ihm auf den Boden legte und wusste, dass er friedlich eingeschlafen war. Ich war in diesem Moment leer.

Die Beerdigung durften wir nicht mehr miterleben, da wir im Haus meines Vaters nicht länger willkommen waren.

Vielleicht mussten wir deswegen gehen: weil die andere Ehefrau meines Vaters uns nicht mochte und nicht damit zurechtkam, dass sie nicht die Einzige war, die ihn geliebt hatte. Ich hatte gehofft, dass die Liebe zu meinem Vater uns alle wie ein gemeinsames Band zusammenhalten würde. Aber da hatte ich mich getäuscht. Nach seinem Tod begegneten uns nur noch mehr Hass und Zorn. Als wären wir an diesem Verlust schuld gewesen.

Ein Jahrzehnt danach erzählte man mir, dass wir aus finanziellen Gründen eine Last für die übrige Familie gewesen seien und sie uns nicht länger bei sich hätten aufnehmen können. Warum hatten sie uns dann nicht in einem klärenden Gespräch gebeten zu gehen? Nein, es hatte sich alles völlig anders abgespielt. Mein Vater war tot, und sie hatten keine Zeit zu trauern, da sie viel zu sehr damit beschäftigt waren, einen Streit vom Zaun zu brechen. Ich hatte wenigstens die paar Minuten allein mit meinem Vater gehabt, bevor meine Mutter uns beide fand. Mehr Zeit blieb nicht übrig. Die Mutter meiner Halbgeschwister sagte zu uns, wir sollten unsere Sachen packen. Mein Halbbruder würde uns zu meiner Groß-mutter fahren, der Mutter meiner Mutter, die zu der Zeit in ihrem Ferienhaus in Izmir lebte.

Das stellte sich jedoch als eine Lüge heraus. Tahir fuhr uns zwar, aber nur in die Nähe von Izmir. Wie aus dem Nichts hielt er an, hieß uns auszusteigen, reichte uns unser Gepäck und fuhr einfach weiter, ohne sich zu ver-abschieden. So jedenfalls schilderte es mir meine Mutter im Nachhinein. Ich selbst war viel zu durcheinander von den Ereignissen der vergangenen Stunden, um zu verste-hen, was um mich herum geschah. Auch hatte ich Angst um meine Mutter, da sie schon einige Tage ihre Medi-kamente nicht genommen hatte, was ich daran merkte, dass sie sich komisch verhielt. Vorher war es mir nicht allzu sehr aufgefallen, da ich die meiste Zeit mit meinem Vater verbracht hatte, aber von jetzt an gab es nur noch uns zwei.

Als wir auf der Straße standen, blickte ich mich su-chend um. Tahir hatte uns irgendwo an der Grenze zu Izmir ausgesetzt, ohne Essen und Trinken. Wir hatten kein Geld dabei, da uns die Mutter meiner Halbgeschwister alles weggenommen hatte. Auch ein Telefon besaßen wir nicht.

Meine Mutter brach in Tränen aus und schrie hysterisch wie ein Baby. Auf mich machte das einen sehr verstörenden Eindruck, da ich das Gefühl hatte, mit meinen vier Jahren plötzlich die Starke von uns beiden sein zu müssen. Trotz der Umstände war ich zuversichtlich, dass wir irgendwo ankommen würden, wo uns jemand helfen würde.

Die Tage, die wir auf der Straße verbrachten, waren nicht einfach. Wir mussten hinter großen Müllcontainern unser Geschäft verrichten und auf einer ausgetrockneten Wiese am Straßenrand schlafen. Darüber schimpfte meine Mutter noch lange Zeit danach: wie wir uns entblößen mussten vor anderen Menschen.

Ich war es nicht gewohnt, ohne Decke und ohne Kissen zu schlafen. Mir fiel das Einschlafen sehr schwer, auch wenn ich den Kopf an den Bauch meiner Mutter lehnen durfte. Doch sie führte die ganze Zeit Selbstgespräche. Das glaubte ich jedenfalls zu Anfang. Mittags, wenn wir wanderten, fiel mir jedoch auf, dass es keine Selbstgespräche waren: Sie redete stattdessen mit jemandem, den ich nicht sehen konnte. Manchmal schrie sie unvermittelt los, ohne dass ich jemanden etwas sagen gehört hatte, schüttelte den Kopf und sah gebannt in eine Richtung.

Die Leute schauten uns an und nahmen Abstand von uns. Wir bettelten weiter und fragten in Läden, ob uns jemand helfen könne. Doch jedes Mal wurden wir hinausgebeten, da wir angeblich die Kunden belästigt hätten. Egal welchen Kiosk wir betraten, die Menschen hielten sich die Nase zu. Verständlich. Meine Mutter hatte einige Male in ihre Hose uriniert. Sie erzählte mir, sie würde ein Taschentuch in ihre Unterwäsche legen, dann ein wenig Urin loslassen und ihn anhalten, bis das Taschentuch trocknete; dann würde sie dieselbe Prozedur wieder von vorn beginnen. Ich war mir nicht sicher, ob das stimmte. Vielleicht schämte sie sich einfach nur, weil sie in die Hose gemacht hatte.

Dann wurde mir klar, dass nicht nur sie roch, sondern auch ich, da ich mich seit Tagen nicht mehr waschen konnte. Ich verstand auch nicht, wieso es so lange dauerte, dass uns jemand half. War es wirklich nur wegen unserer mangelnden Hygiene? War es, weil meine Mutter die Nummer von ihrer eigenen Mutter nicht mehr wusste? Oder weil uns jeder für Verbrecher hielt? Letzteres war die Vermutung meiner Mutter. Ich hielt ihre Hirngespinste für Folgen eines Hitzschlags oder Illusionen, die durch den Mangel an Wasser hervorgerufen wurden. Das hatte ich einmal im Fernsehen gesehen. Da waren Menschen in einer Wüste namens Sahara gewesen, hatten kein Trinkwasser mehr gehabt und lauter Dinge gesehen, die es gar nicht gegeben hatte. Uns ging es ähnlich. Mir jedenfalls machte die Hitze zu schaffen, und zu trinken hatte ich auch seit fast zwei Tagen nichts mehr gehabt.

Das Betteln, das Hungern, das Wandern und das Schlafen im Freien wären wohl nicht so schlimm gewesen, wenn meine Mutter nicht so durchgedreht wäre. Ich hörte ihr oft nicht so genau zu, da ich zu beschäftigt war mit Nachdenken. Wie lange würde das noch so weitergehen? Was sollte aus uns werden, wenn uns keiner half?

Irgendwann kamen wir zu einer Moschee, die draußen einen Brunnen mit frei zugänglichem Wasser hatte, welches eigentlich dafür genutzt wurde, um sich vor dem Gebet reinzuwaschen. Aber wir hatten keine andere Wahl, als dort unseren Durst zu stillen und uns zu säubern, denn viel Kleingeld hatten wir nicht erbettelt.

Während die Tage verstrichen, übertönte das Knurren meines Magens langsam meinen Optimismus. Meine Mutter begriff schließlich, dass es mir immer schlechter ging und ich am Ende meiner Kräfte war. Nachdem wir bereits über zwei Wochen obdachlos waren, nahm sie mich mit in einen weiteren Laden und bat eindringlich um Hilfe. Endlich hatten wir Glück im Unglück: Der Ladenbesitzer war der Einzige, der erfasste, wie schlecht es uns ging. Wir stanken, waren hungrig, durstig und völlig erschöpft. Er schickte nach seinem Neffen, der uns in die Nähe meiner Großmutter fuhr. Ein kleines Stück mussten wir noch laufen, dann erreichten wir ihr Ferienhaus.

Anneanne erschrak, als sie uns sah, und kümmerte sich umgehend um uns. Als Erstes brachte sie uns Wasser. Ich kippte zwei große Flaschen hinunter, so durstig war ich. Meine Mutter trank sogar noch mehr, aber sie war ja auch viel größer als ich. Dann kochte meine Großmutter uns etwas zu essen. Währenddessen duschten wir ausgiebig und zogen uns frische Kleider an.

Wir durften einige Tage bei ihr bleiben und ruhten uns erst mal aus. Meine Mutter hatte einen starken Sonnenbrand im Gesicht und am Dekolleté wegen der Sonne, der wir ausgesetzt waren. Durch das viele Laufen hatte ich Blasen an den Füßen.

Als wir beide zur Ruhe gekommen waren, versuchte meine Mutter, meiner Großmutter zu erklären, was vorgefallen war. Einige Dinge, die sie ihr erzählte, stimmten nicht, aber das war mir egal, denn ich war einfach nur froh, wieder ein Dach über dem Kopf, genügend Essen, Trinken und frische Sachen zum Anziehen zu haben.

Was mich dennoch irritierte, war, dass sie so tat, als wäre mein Vater noch am Leben. Ob sie das wirklich dachte? Sie hatte ihn und mich doch gefunden! Oder wusste sie nichts mehr davon, weil sie ihre Tabletten nicht genommen hatte? Ich stand vor einem Rätsel. Schließlich flüsterte sie mir zu, dass Babas Tod ein Geheimnis sei und ich Oma nichts davon erzählen dürfe. Weil man uns sonst den Mord anhängen würde. Vielleicht hatte sie aber auch nur Angst, Oma zu erzählen, dass ich ihn gefunden hatte, gerade so, als wäre es verantwortungslos von ihr gewesen, mich allein zu ihm zu lassen.

Meine Großmutter wollte, dass wir zurück nach Deutschland reisten und dort neu anfingen. Die Wohnung in Blockdiek hatten meine Eltern weiterhin angemietet, sodass wir dort zumindest eine Bleibe hätten. Nachdem wir uns einigermaßen erholt hatten, kaufte meine Oma uns Flugtickets, ließ uns zum Flughafen fahren und gab uns Geld für den Weg mit.

Als wir in Deutschland ankamen, nahmen wir ein Taxi vom Flughafen. Es war Nacht, und die Laternen schimmerten orangegelb. Im Radio spielten sie Hip-Hop.

Keine passende Musik, um darüber nachzudenken, was alles in der Türkei vorgefallen war. Irgendwann verloren sich meine Gedanken, und ich beobachtete wie hypnotisiert die flimmernden Lichter der Laternen und zählte sie hin und wieder. Als ich ausstieg, spürte ich, dass ich Angst hatte vor dem, was mich erwartete. Ich hatte meinen Vater gehen lassen, aber ich konnte mir nicht vorstellen, ein Leben ohne ihn zu führen. Meine Mutter war schon des Öfteren seltsam gewesen, aber ich hatte nicht gewusst, wie sehr. Das war mir erst klar geworden, als wir obdachlos durch die Randbezirke Izmirs geirrt waren.

Die harte Zeit in der Türkei hatte mich verändert. Danach konnte ich eine Weile gut aufs Essen verzichten und die nächste Mahlzeit lange hinausschieben. Doch weil ich dann so lange hungrig war, schlang ich das Essen regelrecht in mich hinein. Und trotzdem ließ ich immer etwas Essen als Reserve am Ende übrig, obwohl ich gar nicht mehr in einer Notlage war. Irgendwie hatte ich den zwingenden Gedanken, dass ich sparsam mit dem Essen umgehen müsse. Letztlich erwies sich das als hilfreich für mich, denn meine Mutter konnte nicht immer für mich sorgen.

Auch mit dem Wassertrinken war das so eine Sache. Bloß etwas übrig lassen als Reserve, sagte ich mir. Dieses »Reservedenken« hatte sich so stark in mir festgesetzt, dass ich die Angewohnheit bis heute beibehalten habe. Das versetzt mich oft wieder in die Situation von damals, in der meine Mutter und ich für zwei, drei Wochen obdachlos gewesen waren.

Wenn ich heute an diese Zeit zurückdenke, kann ich die Ängste, die sich in den Briefen meiner Mutter verbergen, sehr gut nachvollziehen. Folgendes schrieb sie mir, bevor ich mich als Vierzehnjährige auf den Weg in die Türkei machte:

Liebe Nilüfer!
Ich flehe Dich an, geh nicht in die Türkei! Deine Verwandten lügen Dich an! Sie wollen Dich nicht! Sie wollen nur Dein Geld und Deinen Tod, damit sie erben! Das Erbe Deines Vaters haben die mir auch gestohlen und mir kein Taschengeld gegeben. Auf Deinem Rückweg warst Du auf meinen Schutz angewiesen! Beschützen tun sie Dich auch nicht! Sei vernünftig und bleib in Deutschland. Du würdest in der Türkei an einen Ehemann verkauft werden. Dürftest dann auch keinen Alkohol trinken, keine Zigaretten rauchen, keine Schule besuchen. Dürftest nie aus dem Haus. Pass gut auf in der Türkei auf Dich. Da handeln die mit Organen. Die entführen dort hauptsächlich Kinder, Jugendliche und Frauen für Organhandel.
Hier in Deutschland hast Du Freundschaften und Liebe!
Deine Mutter

Als wir an jenem Abend in Blockdiek ankamen, war mir mulmig zumute. Was mich einen Teil der Fahrt über beschäftigt hatte, war der Gedanke, wie es wohl mit meiner Mutter und ihren komischen unsichtbaren Gestalten weitergehen würde, jetzt, da wir aus der Obdachlosigkeit gerettet worden waren. Waren es nur die Umstände gewesen, die dazu geführt hatten, dass sie sich so seltsam benommen hatte? Sie hatte in mir Ängste geschürt und mir Dinge mitgeteilt, die gar nicht für mich bestimmt waren: »Beim Voodoo-Brechen darf man niemals sagen, dass man sterben soll, sondern dass die selber büßen sollen, da die einen sonst ermorden!«, hatte sie mit vor Angst geweiteten Augen gesagt. »Den Magier! Die Magier haben auch noch durch Gesetze durch Polizei und Kirchen und Militärs Hinrichtungsstrafen für sich an ihren Personen selber!«

All diese Szenen hatte ich, so gut es ging, ausgeblendet. Während wir durch die Gegend um Izmir geirrt waren, war mir klar geworden, dass ich meine Mutter gar nicht richtig kannte. Ich hatte Angst, mit ihr die Wohnung zu betreten, doch mit meinen vier Jahren wusste ich längst, dass ich keine andere Wahl hatte.

Nun waren meine Mutter und ich allein. Ich vermisste meinen Baba. Und auch meine Geschwister fehlten mir. Ich trat auf unseren Balkon, blickte in den Nachthimmel und rief ganz laut nach ihnen: »Aaaaaaaaaabiiiiiiiiiii! Ablaaaaaaaaaaaa!«, in der Hoffnung, dass sie mich hörten. Doch es kam keine Antwort.

Ich werde sie nie wiedersehen, dachte ich und sah hinunter auf die Parkbank, die von einer gelb flimmernden Laterne bestrahlt wurde. Niemand saß dort. Ich hörte dem Summen der Laterne zu und blickte wie erstarrt in die Ferne.

Kaum dass ich in Bremen angekommen war, verschwammen die Gesichter meiner Halbgeschwister. Ich wusste bald überhaupt nicht mehr, wie sie aussahen. Nur von meinem Halbbruder Tahir hatte ich eine ungefähre Vorstellung, weil wir zwei Fotos von ihm und mir hatten. Auf dem einen war ich noch ein Baby, das ein Bild von Tahir in den Händen hielt. Auf dem anderen war ich drei Jahre alt und saß auf seinem Schoß. Meine Mutter sagte immer, dass Tahir genauso aussehe wie Baba. So stellte ich mir meinen Vater dann nahezu mein ganzes Leben vor.

2

Kann meine Gelbsucht vom Kaffee sein?

Nachdem wir aus der Türkei zurückgekehrt waren, stand eine große Veränderung für mich an: Ich sollte in den Kindergarten kommen. Voraussetzung dafür war, dass meine Mutter mir Deutsch beibrachte. Ich selbst verstand gar nicht, warum ich auf einmal eine neue Sprache sprechen musste. Ich wusste nur, dass es ziemlich schwer war, all die neuen Wörter zu lernen und damit Sätze zu bilden.

Ich erinnere mich noch, wie meine Mutter und ich an der Hauptstraße standen und ich sagen musste, was »trafik lambası« auf Deutsch heißt. Das ging von nun an jeden Tag so und nervte mich richtig. Das türkische Wort klang in meinen Ohren viel schöner als »Ampel«, vertrauter. Ich war seit meiner Geburt an das Türkische gewöhnt, es war die Sprache meines Babas und meiner Mutter, und jetzt musste ich mich umgewöhnen. Das machte mir ganz schön Druck, und wenn ich ehrlich bin, muss ich sagen, dass ich im Kindergarten anfangs nur auf Türkisch antwortete. Das gab dann Gemecker, das bis nach Hause drang, und in der Folge durfte ich kein türkisches Fernsehen mehr schauen. Also versuchte ich, mich an die Regeln zu halten, und gab mein Bestes. Aber es war mir immer sehr peinlich, wenn ich etwas Falsches gesagt oder Wörter vertauscht hatte. Dann lachten die anderen Kinder über mich.

Die fremde Sprache fiel mir auch deshalb so schwer, weil niemand mich beachtete. Die Kinder fanden mich komisch und mochten mich nicht, weil ich nach den Zigaretten meiner Mutter stank. Daher durfte ich nirgends mitspielen.

Zum Glück gab es Yasmin. Mit ihr wurde alles einfacher. Sie stand einfach neben der Sandkiste und sah irgendwie cool aus. Jedenfalls hielt ich sie für cool, denn sie trug einen gelben Haarreif. Damit fiel sie mir sofort auf, weil ich die Farbe nämlich so knallig, schön und heiter fand. Ihre dunkelblonden Haare kamen damit richtig gut zur Geltung. Ich fragte sie, ob sie mit mir spielen wolle. Natürlich sprach ich Türkisch, denn ich hatte gar keinen Bock mehr auf Deutsch. Und sie lächelte und antwortete mir. Ich war so überrascht, dass ich erst mal gar nicht sagen konnte, ob sie Türkisch oder Deutsch sprach, aber ich verstand sie, und sie verstand mich.

Wir wollten gern Freundinnen werden, und so fragte ich nach dem Kindergarten meine Mutter, ob ich das dürfe. Ich wusste mittlerweile schon, wann Yasmins Mutter, Frau Krakel, sie abholen kam, und überredete meine Mutter, so lange zu warten. Yasmins Mutter war auch damit einverstanden, dass wir Freundinnen wurden, und so folgten bald darauf schon die ersten Verabredungen bei Yasmin zu Hause. Dass wir beide Türkisch miteinander sprechen konnten, schweißte uns schnell zusammen. Yasmin hatte Glück, denn ihre Mutter war Türkin und ihr Vater Deutscher, so konnte sie beide Sprachen von klein auf.

Yasmin war das erste Mädchen, das ich in Deutschland besuchen durfte, und da ich keine Vergleichsmöglichkeiten hatte, staunte ich nicht schlecht. Bei den Krakels gab es immer leckeres Essen, frisch gekocht. Alles war ordentlich und sauber – das kannte ich gar nicht von meinem Zuhause. Unsere Tapeten waren gelb und zerrissen, die Polstermöbel zerschnitten und mit Brandflecken übersät, und unsere Toilette war gelb und braun verfärbt. Yasmin hatte sogar ein eigenes Zimmer! Ich fand es so toll, dass sie sich das Zimmer nicht mit ihren Eltern teilen musste. Mein Leben spielte sich vor allem im Wohnzimmer ab, wo meine Mutter die meiste Zeit auf dem Sofa saß und mit dem Spion oder dem Magier redete. Sie schlief auch oft auf dem Sofa und ich auf einer Matratze in unserem Schlafzimmer.

Ich erinnere mich noch an meinen ersten Besuch bei Yasmin und wie wir auf ihrem Bett saßen und ihre blaue Vase anschauten. Und nicht nur die Vase faszinierte mich: Ihre Bettdecke war so weich und roch so gut. Die Matratze hatte sogar einen Bezug darauf. Das fühlte sich viel gemütlicher an als bei uns. Ich war ein wenig neidisch auf dieses tolle Zuhause, das allererste fremde Zuhause, das ich je gesehen hatte. Und die allererste richtige Freundin, die ich hier in Deutschland hatte …

Wir stellten uns vor, dass wir, wenn wir nur lange genug auf die blaue Vase starrten und durch sie hindurchsahen, in einer Parallelwelt landeten. Dort war alles gleich: die Wohnung, der Teppich, die Türen, der Schrank, die Menschen – mit einem einzigen Unterschied: Alles war blau. Ich fand die Idee von einer Parallelwelt total abgefahren. Manchmal wünschte ich, dass ich das zu Hause auch erleben könnte. Einfach alles mal anders sehen, in einer anderen Farbe … Irgendwie hatte Yasmins und meine Parallelwelt etwas Magisches, wie die Welt meiner Mutter. Aber dieses Magische war viel weniger angsteinflößend. Es war auch mal lustig. Jedenfalls fand ich die Farbe Blau so schön und wollte unbedingt solch eine Vase haben.

Später gingen Yasmin und ich ins Wohnzimmer, dort saßen ihre Eltern. Die Mutter schlug uns vor, ein Mandala auszumalen. Sie druckte für jede von uns eine Vorlage aus und legte bunte Malstifte auf den Tisch. Ich fand, dass gegenüberliegende Kästchen dieselbe Farbe haben müssten. Mein Mandala sollte außerdem ganz viele Farben haben, wie ein knalliger Regenbogen. Yasmin malte einfach drauflos und ließ sich von den Linien und Mustern gar nicht beeindrucken. Als wäre die Ordnung auf dem Bild egal. Aber ich dachte mir, dass die vorgezeichneten Linien doch genau aus dem Grund da waren.

Yasmins Mutter war beeindruckt von meinem Mandala, und jetzt war Yasmin neidisch. Das machte mich traurig. Ich fand, sie solle nicht traurig sein, denn eine blaue Parallelwelt durch eine Vase zu erschaffen war für mich eine viel größere Superkraft als das Ausmalen. Und sie hatte so ein schönes Zuhause. Seit jenem Nachmittag versuchte ich, nicht mehr so viel mit ihr zusammen zu malen. Wie ich schnell bemerkte, hatten wir an anderen Spielen mindestens genauso viel Spaß.

Je länger ich Yasmin kannte, desto lieber wollte ich in den Kindergarten gehen. Leider schlief meine Mutter manchmal so lange, dass ich nicht pünktlich von zu Hause aufbrechen konnte. Wenn ich fehlte, erzählte Yasmin mir hinterher immer, dass sie traurig war, wenn ich nicht erschien und mein »Nilpferd« nicht umdrehen durfte. Wir hatten nämlich einen Bilderbaum im Kindergarten. Jedes Kindergartenkind hatte ein Foto von sich selbst dort hängen, und auf der Rückseite war das Symbol des jeweiligen Kleiderhakens abgebildet. Mein Symbol war ein Nilpferd und Yasmins ein Papagei. Wenn man im Kindergarten war, musste man das eigene Bild umdrehen. So wussten die Betreuer sogleich, welches Kind fehlte und welches nicht. Einmal drehte Yasmin vor lauter Enttäuschung mein Bild einfach um, denn sie hatte sich so sehr gewünscht, dass ich da sei.

Das Foto wurde jedes Jahr neu auf dem Baum im Vorgarten des Kindergartens aufgenommen. Mit seiner v-förmigen Astgabel erinnerte der Baum mich an meine Zwille, eine Steinschleuder, die ich zusammen mit einem Micky-Maus-Heft bekommen hatte. Man konnte sich in das »V« des Baumes einfach hineinsetzen oder -stellen.

Wenn ich den Kindergarten verpasste, war ich stinkesauer auf meine Mutter, weinte und brüllte sie auch manchmal dafür an. Ich wollte nämlich unbedingt mit Yasmin spielen. Das war immer das Highlight meines Tages, darauf freute ich mich schon morgens nach dem Aufwachen.

Dass auf meine Mutter kein Verlass war, kannte ich ja schon. Allein kam ich damit meist klar. Doch jetzt, im Zusammensein mit anderen Kindern, wurde es zunehmend zu einem Problem für mich. Einmal vergaß meine Mutter sogar, dass wir Fasching im Kindergarten feierten. Ich war das einzige Kind ohne Kostüm, das war total peinlich. Ich schämte mich so sehr! Petra, unsere Erzieherin, warf mir schnell ein paar glitzernde Tücher aus der Verkleidungskiste über und sagte: »Dann bist du eben eine Prinzessin.« Da Yasmin auch eine Prinzessin war, war das okay für mich. Doch fand ich Piraten, Fledermäuse oder Vampire viel cooler. Ich wäre so gern eine Fledermaus gewesen! An jenem Tag war ich wieder sauer auf meine Mutter. Auch dieses ständige lange Schlafen und Verschlafen fand ich total doof – nicht nur, weil ich den Kindergarten verpasste, sondern auch, weil meine Mutter vor lauter Müdigkeit von den Medikamenten gar nicht wirklich für mich da sein konnte. Petra bekam das mit und fragte deshalb Yasmins Mutter, ob sie in der Freizeit mehr mit mir unternehmen könne.

Noch mehr Zeit mit Yasmin zu verbringen war für mich das größte Geschenk. Ich durfte mit meinen Socken über ihren dicken, sauberen Teppich laufen und bekam warmes Essen. Außerdem konnte ich mit ihr in spannende Fantasiewelten abtauchen. Einmal dachten wir uns sogar eine eigene Sprache aus. So richtig funktionierte das nicht, aber ein paar Begriffe waren dann unsere eigenen Wörter. »Schwabbel« bedeutete zum Beispiel, so viel gelacht zu haben, dass man sich ganz schwummerig fühlte und die Knie weich wurden. Dass man sich kaum auf den Beinen halten konnte, weil man so belustigt war.

Yasmin war sehr beliebt. Sie erzählte mir, dass alle mit ihr spielen wollten, wenn ich nicht da war, und dass sie das blöd fände. Wenn ich da war, spielten wir unsere eigenen Spiele und ignorierten die anderen Kinder

Ich war ein Jahr älter als Yasmin, das fanden wir irgendwann heraus. Schon bald wurde sie zu meiner Vertrauten. Ich konnte ihr sogar vom Spion und seinen Machenschaften und dem Magier erzählen. Zu jener Zeit waren beide für mich real, auch wenn ich sie nicht sehen konnte. Gemeinsam suchten Yasmin und ich nach Lösungen, wie wir diese bösen Gestalten aus der Welt schaffen könnten, damit sie meine Mutter und mich nicht länger bedrohten. Bisher hatten wir nur Glitzersteine hinter einer maroden Hütte gefunden, die in unseren Augen ein Indiz dafür waren, dass es die Wesen, die meine Mutter sah, wirklich gab: Im Fernsehen glitzerte es schließlich auch immer, wenn Hexen und Magier mit ihren Zauberstäben herumfuchtelten. Mit selbst gebastelten Ninja-Klamotten und ausgedachter Kampfkunst beschlossen wir, die bösen Mächte in der Welt zu besiegen.

Jedoch merkten wir schnell, dass unsere Verteidigungsstrategie nicht mal im Nahkampf mit den anderen Kindergartenkindern etwas taugte. Hevnat und ihre Verbündeten hatten es nämlich auf mich abgesehen. Hinter der Kletterinsel mit den vielen Bäumen war ein kleiner enger Pfad, der neben dem Zaun an der Straße entlangführte. Da die Kletterinsel so hoch war, sah keiner, wenn sich jemand dort aufhielt. Das war unser optimales Versteck, um ungestört an unseren Ideen zu tüfteln. Doch wir hatten nicht mit Hevnat gerechnet.

Eines Tages lauerte sie uns mit ihrer Bande auf. Schnell stülpte mir Yasmin die Ninja-Kapuze über den Kopf, damit ich nicht erkannt wurde. Aber Hevnat hatte schon von Weitem gesehen, dass ich es war. Die drei anderen Mädchen hielten mich fest und schubsten mich auf den Boden. Hevnat trat als Erste gegen meinen Arm, danach in meinen Bauch. Dann machten auch die anderen mit. Ich konnte bald nicht mehr sagen, wer mich wohin getreten hatte. Ich biss die Zähne zusammen und grub meine Hand in die Erde, um den Schmerz auszuhalten.

Yasmin stand wie gelähmt daneben und wusste nicht, was sie tun sollte. Nachdem die Mädchen mit mir fertig waren, half sie mir hoch, und wir liefen gemeinsam zu unserer Erzieherin. Petra nahm mich auf den Schoß und streichelte meinen Rücken. Ich fing an zu weinen, denn jetzt konnte ich den Schmerz nicht länger unterdrücken. In ihren Armen fühlte ich mich wohl. Petra wischte mir die Tränen weg und sagte, sie wolle nach dem Kindergarten mit meiner Mutter über den Vorfall sprechen. Aber es änderte sich nichts. Meine Mutter ging mit mir gemeinsam zu Hevnats Wohnung und klingelte an ihrer Tür. Doch ihr Vater wimmelte uns ab. Danach kam das Thema nie wieder zur Sprache.

Die vielen blauen Flecken an meinem Körper störten mich nicht so sehr. Mich beschäftigte vielmehr die Frage, warum Hevnat mich schlug. Allerdings hatte ich zu große Angst davor, sie zu fragen. Ich kam auch gar nicht dazu, das Gespräch mit ihr zu suchen. Jedes Mal, wenn ich ihr begegnete, passierte das Gleiche. Hevnat schlug jedoch nur dann auf mich ein, wenn keine Betreuerin in Sichtweite war. In Ecken mit einem toten Winkel lauerte sie mir mitsamt ihren Freundinnen auf und verpasste mir die nächste Abreibung. War ich zufällig in ihrer Nähe, zog sie mich mit sich und trat und schlug mich.

Yasmin vermutete, dass Hevnat mich deshalb so schlecht behandelte, weil sie mich komisch fand, wie all die anderen Kinder auch. Das lag zum einen an der Sprache. Wenn Yasmin nicht da war, fühlte ich mich einsam und verloren. Die Erzieher verstanden oft nicht, was ich sagen wollte. Noch immer verwechselte ich Wörter wie »Schaufel« und »Schaukel«.

»Deutsch ist echt schwer«, sagte ich zu Yasmin. Sie tröstete mich und versicherte mir, auf ewig meine Übersetzerin zu sein. Es war schön, jemanden zu haben, der mich verstand und dem ich von den ganzen »Gespenstern« meiner Mutter erzählen konnte.

Zum anderen spürten die Kinder wohl, dass bei mir einiges anders lief, als sie es gewohnt waren. Wie jedes Kind erzählte ich von zu Hause und gab die Weisheiten meiner Mutter, die sie mir Tag für Tag eintrichterte, ungefiltert weiter. Ich fand, dass sie sehr klug war, regelrecht allwissend, da sie auf jede meiner Fragen eine Antwort hatte. Wenngleich ihre Antworten manchmal seltsam waren und nicht von jedem verstanden wurden. Oft konfrontierte mich meine Mutter auch einfach mit Fakten.

43

Ein wichtiges Thema für sie war Vergewaltigung. Noch während ich in den Kindergarten ging, erklärte sie mir, was ein Kondom ist, wie man es benutzt und wie Sex funktioniert. In einem klärenden Gespräch sagte sie zu mir: »Da sind böse Männer mit dunklen Klamotten, die dich in ihr Auto zerren und dich zwingen, mit ihnen Sex zu haben. Und dann musst du immer ein Kondom mit dir tragen und das benutzen, damit du kein Aids bekommst und stirbst.«

Außerdem gab es noch die Prostituierten. Meine Mutter nannte sie manchmal auch Huren oder Nutten: »Es gibt einen Drogenstrich. Man wird süchtig gemacht nach Drogen, und dann muss man huren, bis man die in die Höhe gestiegenen Drogen bezahlen kann.«

Ich fühlte mich ziemlich unwohl, ihr dabei zuzuhören, besonders wenn es um sexuelle Themen ging. Dann schämte ich mich. Das, was sie sagte, klang so bedrohlich. Zugleich stellte ich nicht infrage, ob ihre Worte der Wahrheit entsprachen. Und so klärte ich mit meinem neu erlangten Wissen auch die anderen Kinder im Kindergarten auf. Sie hielten mich deshalb für weise und klug – anfangs zumindest. Den Erzieherinnen aber war das gar nicht recht.

Ehrlich gesagt hatte ich selbst ein wenig Angst vor dem, was mir meine Mutter erzählte. Darüber hinaus erwartete sie von mir, dass ich die Dinge, die sie mich lehrte, auch praktisch beherrschte. Wenn ich nach dem Kindergarten nach Hause kam, musste ich ihr anhand einer Flasche zeigen, wie man ein Kondom über einen Penis stülpt. Das empfand ich jedes Mal als unangenehm und ziemlich verstörend. Meiner Mutter zuliebe und um mich vor den Vergewaltigern zu schützen, tat ich es. Und auch deshalb, weil sie sich sonst zu große Sorgen gemacht hätte.

Im Kindergarten schaute ich mir die Bücher an, die das Thema Sex behandelten. Ich bat die Erzieherinnen darum, dass sie mir mehr darüber erzählten. Eine der Kindergärtnerinnen gab mir ein Klapp-Bilderbuch, in dem man verschiedene Türchen öffnen konnte. Ich klappte den dicken Bauch einer Frau auf, dahinter befand sich ein winziges Baby. Wenn man Sex hat, dann wird man schwanger, stand da. Davon hatte ich ja noch gar nichts gehört! Ich hatte gedacht, dass man Aids bekommen und sterben würde.

Manchmal fühlte ich mich überfordert, weil die Erzieherinnen und auch die Kinder im Kindergarten etwas anderes als meine Mutter sagten. Aber ich war der festen Überzeugung, dass meine Mutter recht hatte. Ich wusste, ich war als Junge auf die Welt gekommen, wurde dann aber ein Mädchen, weil der bunte Ring von Bibi Blocksberg auf den Boden gefallen war und mich verzaubert hatte.

Die anderen Kinder hielten mich wegen der Dinge, die ich zum Besten gab, zunehmend für seltsam. Yasmin war die Einzige, die mich mochte. Die mir glaubte. Die Einzige, die mit mir redete und spielte.

Noch war ich in einem Alter, in dem ich nicht an meiner Mutter zweifelte. Ich war zu klein, um sie mir anders vorzustellen, gesund. Sie war, wie sie war, und ich liebte sie. Doch je mehr ich von der Welt um mich herum begriff, desto mehr wurde mir klar, welch einen Unfug sie bisweilen redete. Diese Erkenntnis fiel mir nicht leicht: Meine Mutter war meine einzige Bezugsperson, der Mensch, an dem ich mich orientierte, der für mich hätte sorgen, mir Geborgenheit und Sicherheit vermitteln sollen. Als ich nach und nach begriff, dass ich ihre Worte mit Vorsicht genießen musste, geriet meine Welt einmal mehr ins Wanken.

Oft gelang es mir, mich ein Stück weit von ihren Aussagen zu distanzieren. So wie Eltern ihre Kinder in ihren Fantasiewelten belassen, beließ ich auch meine Mutter in ihrer Welt. Wenn sie mit der Lampe sprach oder den Magier kontaktierte, war das wie ein fernes, aber gewohntes Hintergrundrauschen. Nach außen hin konnte ich ein gutes Bild von einem ganz normalen Kind abgeben. Doch immer wieder tat sich ein Abgrund zwischen den verschiedenen Welten auf. Im Kindergarten wurde ich ausgelacht, missverstanden und begriff selbst die Welt nicht mehr. Und das machte mich immer wütender und aggressiver. Zu Hause flogen deswegen manchmal Sachen durch die Gegend. Aus Verzweiflung, weil ich nicht wusste, wohin mit mir und dem Wahnsinn. Aber dieser Wahnsinn war nun mal alltäglich bei uns, wie die Gefahren, die meine Mutter ständig sah, und irgendwie musste ich mich damit arrangieren.

Nur nicht heute. Heute ist es anders. Heute kommt alles zusammen …

Es geschah zum Ende der Kindergartenzeit. Auf einmal wusste ich nichts mehr mit mir anzufangen. Ich hatte die Situation zu Hause nicht länger unter Kontrolle und konnte mir nicht vorstellen, jeden weiteren Tag damit zu leben. Mit den Worten. Gedanken. Taten. Meiner Mutter.

Ich sehe die Situation noch genau vor mir, spüre sie bis tief ins Gedächtnis meines Körpers hinein …

Die Hirngespinste meiner Mutter packen mich, und ich fletsche die Zähne. Ein leises Brummen ist in mir, es wird immer lauter. Plötzlich stehe ich mit einem Messer in der Hand vor meiner Mutter, und ich weiß nicht, wohin mit mir oder wann dieser Wahnsinn endlich aufhört. Meine Nackenhaare stellen sich auf, und ich sehe einen kurzen Moment nur schwarz. Sie kniet sich auf den Boden, mit Tränen in den Augen. Ich trete einen Schritt auf sie zu. Sie verschränkt die Arme über dem Kopf, wie um mich abzuwehren. Ich gehe noch einen Schritt auf sie zu. Jetzt fängt sie hysterisch an zu schreien.

Ich lasse das Messer fallen, schlage mehrere Male heftig gegen meinen Kopf und fange auch an zu schreien. Ich fahre mit den Fingern durch meine Haare und ziehe an ihnen. Dabei denke ich nach. Ich versuche es zumindest, aber ich kann nicht. Ich kann nicht mehr vernünftig denken. Stattdessen bin ich getrieben von meiner Wut, die alles auslöschen will. Ich denke an Feuer. An eine Pistole. An das Messer, das vor meinen Füßen auf dem Boden liegt. Meine Mutter weint nur noch hysterischer und immer lauter. Ich hole mein Springseil und befehle meiner Mutter, dort sitzen zu bleiben, wo sie ist. Sie hört auf mich.

Ich trete auf den Balkon und binde mein Springseil mit einem speziellen Knoten, den ich in einer Fernsehsendung gesehen habe, am Geländer fest.

»Der hält sicher«, flüstere ich und wende mich meiner Mutter zu.

Sie schreit: »Was machst du da? Was hast du vor?«

Ich schreie zurück, dass sie still sein und dort bleiben soll, wo sie ist. Als sie sieht, dass ich auf das Geländer klettere, rennt sie auf den Balkon. Doch es ist zu spät. Ich habe mich abgeseilt und hänge fünf Stockwerke über dem Boden. Wenn ich jetzt loslasse, war alles umsonst. Irgendwie möchte ich gerettet werden, aber irgendwie auch nicht.

Ich denke an den jungen Mann, der sich ein paar Stockwerke über uns in die Tiefe stürzte. Zu diesem Zeitpunkt war ich gerade auf dem Balkon und sah zu, wie er flog und unten auf den nassen Rasen fiel. Für einen Moment dachte ich, dass sich ein großer schwarzer Vogel in einen Sturzflug begeben hätte. Auf dem Boden angekommen, lag er dort, total verdreht. Das eine Bein war unnatürlich abgespreizt, als wäre es nach vorn umgeknickt. Wie meine Superman-Figur, der ich versehentlich das Bein abgerissen und falsch herum wieder drangeklebt hatte.

Während ich selbst am Seil hänge und meine Kräfte immer mehr nachlassen, durchläuft mich das Bild von der Blutlache, die sich um den Mann herum ausbreitete. Ob er das wirklich wollte? Ob er wirklich so sterben wollte? Oder hatte er vielleicht auch keine Kraft mehr, so wie ich?

Ich zähle die Momente, die ich hier hänge, fünf Stockwerke über dem kalten, nassen Boden. Zufälligerweise hat es heute auch geregnet, wie an dem Tag, an dem sich der Mann vom Balkon stürzte. Warum hänge ich hier? Ich möchte, dass sich etwas ändert – das ist es, was ich mit meiner Aktion bezwecken will. Aber nicht meinen Tod.

Oder vielleicht doch? Ich bin ja erst fünf. Doch wenn ich ster-

ben würde, sage ich mir, dann könnte ich dem ganzen Wahnsinn entfliehen …

Meine Mutter bricht in Panik aus und schreit laut vom Balkon. Ich schaue nicht nach unten, das habe ich in einem Actionfilm gelernt. Damit bewahrt man sich selbst vor der Panik. Ob ich überhaupt Höhenangst habe, weiß ich zwar nicht, aber aufs Spiel setzen möchte ich es auch nicht. Meine Mutter ruft jetzt panisch um Hilfe. Ich spüre, wie meine Kraft mich langsam im Stich lässt. Da habe ich mich selbst wohl überschätzt. Ich schließe die Augen, werde ganz ruhig und warte ab, was passiert.

Irgendwann spüre ich, wie ruckartig nach mir gegriffen wird, und plötzlich liege ich in den Armen eines älteren, kräftigen Herrn, der direkt unter uns wohnt. Er trägt mich durch seine Wohnung und hinaus in den Flur. Im Hintergrund höre ich meine Mutter immer noch um Hilfe schreien. Ob sie wohl mitbekommen hat, dass ich gar nicht mehr am Seil hänge? Ich würde es ihr jedenfalls zutrauen.

Der Herr trägt mich eine Treppe höher und klingelt an unserer Wohnungstür. Ich höre, wie meine Mutter herbeistürmt. Sie ist außer sich vor Erleichterung, als sie mich heil wiedersieht. Sie wischt ihre Tränen weg und versucht sich zu beruhigen, um dem Mann zu danken.

Ich gehe in die Stube, setze mich auf das Sofa und schalte den Fernseher ein. Meine Mutter schließt die Balkontür ab und verschwindet in der Küche. Dort weint sie noch eine ganze Stunde und raucht eine Schachtel Zigaretten. Irgendwann kommt sie raus und bringt mir zwei Toastbrote mit Margarine und Zucker drauf und ein Glas Multivitaminsaft mit einem blauen Strohhalm. Wir reden den Rest des Tages nur noch das

Nötigste miteinander. Über das, was passiert ist, sprechen wir nie wieder. Meine Mutter unterhält sich mit ihrem Magier über ihre (angebliche) Gelbsucht und trinkt dabei einen Kaffee. Ich schaue wie jeden Abend noch bis tief in die Nacht South Park und gehe dann irgendwann selbstständig schlafen.

In den Tagen danach wandte sich meine Mutter an das Jugendamt, weil sie überfordert war. Ich fühlte mich irgendwie hintergangen. Am Telefon sagte sie, dass sie es nicht mit mir aushalte und am Ende sei. In meinen Ohren hieß das, dass ich ein schlimmes Kind sei, obwohl sie auch nicht ohne war. Kurze Zeit darauf kam eine Sozialarbeiterin zu uns, die uns helfen sollte. Sie nahm mich manchmal mit auf Ausflüge, und manchmal spielte sie mit mir in unserem Wohnzimmer. Für mich änderte sich dadurch nichts, und richtig geholfen wurde mir auch nicht. Ich war noch immer überfordert mit meiner Mutter und wollte nur wutentbrannt aus dem Haus stürmen und irgendwo zur Normalität finden.

3

Der Magier spricht zu mir

»Kauf zwei Pakete Quark, probiere und rieche dran!«, sagte meine Mutter und drückte mir einen Fünfeuroschein in die Hand. Als ich schon halb im Laden war, rief sie mir noch hinterher: »Schmeiß den giftigen Quark weg!«

Irritiert lief ich in den Supermarkt und suchte den günstigsten Quark. Das konnte ich schon, denn inzwischen war ich in der Grundschule und lernte Rechnen, Schreiben und Lesen. An der Kasse fragte ich, ob dieser Quark giftig sei und ob ich vorher an ihm riechen dürfe, bevor ich ihn bezahlte.

Der Verkäufer lachte, schüttelte den Kopf, scannte den Quark ein und sagte: »Das macht dann siebzig Cent.«

Ich reichte ihm das Geld und ging mit gesenktem Kopf zum Ausgang, wo meine Mutter auf mich wartete. Natürlich sagte ich ihr, dass der Quark, den ich gekauft hatte, nicht giftig sei und ich das überprüft hätte. Sie war erleichtert und freute sich.

Später wollte ich mich mit Tim und Dominik zum Fußballspielen treffen, aber meine Mutter erlaubte es nicht, weil sie »junge Männer« seien und mich vergewaltigen könnten.

Ich fand das ziemlich unfair, nachdem ich für sie den Quark gekauft hatte, während sie eine rauchen war. Tim und Dominik waren in meiner Grundschulklasse, Tim auch in meiner Hortgruppe. Auf dem Schulhof wurde regelmäßig ein Fußballturnier veranstaltet, bei dem Mädchen jedoch nicht mitspielen durften. Das fanden Tim und Dominik ungerecht, weil sie der Meinung waren, dass ich besser sei als einige der Jungen, die mich nicht dabeihaben wollten. Deshalb spielten wir jede Pause zu dritt hinter der Grundschule allein Fußball. Auch sonst verbrachte ich mit den beiden viel Zeit. Wir hatten einen ganz eigenen Humor, den die anderen Kinder nicht verstanden. Es machte mich echt wütend, dass ich mich ausgerechnet mit den beiden nicht verabreden durfte, da sie zu meinen besten Freunden zählten. Sie waren Jungen und keine Männer, und jemanden vergewaltigen wollten sie auch nicht. Wir dachten in dem Alter auch überhaupt nicht an Sex. Das verstand meine Mutter aber nicht. Unwirsch folgte ich ihr nach Hause.

Meist empfand ich es als ziemlich unangenehm, wenn ich mit meiner Mutter in die Öffentlichkeit gehen musste. Dann sah jeder, was für komische Sachen sie sagte und tat und auch, wie alt sie war. Oft wurde ich damit aufgezogen, denn die Kinder behaupteten, dass meine Mutter wie eine Großmutter aussehe. »Wo ist denn deine Oma heute?«, fragten sie und grinsten fies. Ihre Mütter waren jünger als meine Mutter, die Mitte vierzig war. Die Medikamente ließen sie zudem noch mehr altern.

Auch dass sie sich anders verhielt als die meisten

Mütter, wurde mir durch die Kommentare der anderen Kinder immer wieder aufs Neue bewusst. Sie sagten, sie sei komisch, doch was genau an ihr anders war, sagten sie nicht. Noch fehlte mir der Bezug zur Realität, und mir war selbst nicht klar, was normal war und was nicht. Manchmal aber doch, und das war jedes Mal eine große Herausforderung für mich.

Wenn wir gemeinsam mit anderen Leuten an der Bushaltestelle standen, pupste, rülpste und lachte sie hämisch. Dann fühlte ich mich schlagartig unwohl. Es war auch gruselig, wenn wir im Bus saßen und meine Mutter mit dem Zeigefinger in eine Richtung deutete, obwohl dort keiner saß, leise fluchte, ihre Augen sich weiteten und sie sich dann wieder wegdrehte. Ich kannte das von zu Hause, aber draußen schaute uns jeder zu. Draußen sah auch jeder, dass die Hose meiner Mutter unterm Po saß, dass sie im Winter Socken in Ballerinas trug oder ihre Kleidung zerschnitten war. Dazu kam der Tick mit dem Daumen und wie er im Zweisekundentakt um ihren Zeigefinger kreiste. Plötzlich aber änderte sich ihre Stimmung, sie lächelte mich an und sagte, dass alles perfekt und niemand hinter uns her sei, der uns ermorden, vergewaltigen oder uns etwas anhexen wolle. Dann funkelten ihre Augen, und ich spürte, wie glücklich und erleichtert sie war. Es waren Momente, in denen man ihr ihre Todesangst nicht ansah und sie für eine kurze Zeit nicht den Zwang verspürte, mit den Gestalten um sich herum zu reden. Mit einem Mal merkte sie, dass es mich gab, dass ich in ihrer Nähe war. Ihr eigen Fleisch und Blut. Ihre Tochter. Und das war wirklich schön zu sehen, dass ich für sie, in ihrer eigenen kleinen Fantasiewelt, auch noch existierte.

Wenn die anderen Kinder über sie herzogen, versuchte ich meine Mutter und mich immer zu verteidigen. Doch auch die Nachbarn, die unsere Wege kreuzten, beschimpften uns immer öfter als »asozial«. Da meine Mutter viel schlief, pflegte sie sich und auch mich nicht so sehr, wie andere Mütter das taten. Mir machte das nichts aus. Im Gegenteil, ich war froh, dass ich nicht so oft die Haare gekämmt bekam wie andere Kinder. Das ziepte und tat weh!

Es machte mir aber sehr wohl etwas aus, wie andere über uns herzogen. Bald hatte ich Fantasien, wie ich es den Leuten heimzahlen könnte. Ein Bild mit einem schwarzen Kreis und ein paar Worten darauf sollte meine Warnung symbolisieren. Ich hatte so etwas schon einmal im Fernsehen gesehen. Meine Mutter hielt das für keine gute Idee und hatte Angst, dass wir angezeigt werden könnten. Aber ich wollte mich irgendwie wehren und die blöden Sprüche nicht länger auf mir sitzen lassen. Ich hoffte, dass die Leute von meiner Warnung so eingeschüchtert wären, dass sie uns in Ruhe lassen würden. Ich einigte mich mit meiner Mutter, die Wörter wegzulassen. Aus Gründen der Verfolgung zog ich Handschuhe an, um keine Fingerabdrücke zu hinterlassen, während ich die Zettel in die Briefkästen all jener warf, die uns schikanierten. Das mit den Fingerabdrücken hatte ich bei Navy CIS gesehen; dort wurde auch gezeigt, wie man jemanden umbrachte, ohne Spuren zu hinterlassen. Aber darum ging es mir ja gar nicht – ich wollte einfach nur in Ruhe gelassen werden mit meiner Mutter, und der schwarze Kreis sollte für den Anfang reichen.

Wie auch immer die Reaktionen auf meine kindlichen Warnungen waren – eine wirkliche Veränderung erlebte ich nicht. Ich versuchte, meine Wut zu zügeln, schließlich war es schon Gewohnheit, dass ich abwertende Bemerkungen zu hören bekam. Sicher wäre mir das leichter gefallen, wenn die Situation bei mir und meiner Mutter zu Hause eine andere gewesen wäre.

Was mir zu schaffen machte, war, dass meine Mutter mir immer häufiger den Kontakt zu den Menschen verbot, die mir am Herzen lagen und die einen guten Ausgleich zu meinem Zuhause schufen. Ständig warnte sie mich: »Geh nicht zu denen! Die wollen dir nur Böses und dein Geld stehlen.« Oft ließ sie mich nicht aus der Wohnung, sodass ich meine Freunde nicht sehen konnte. Ich wurde eingesperrt, aber laut meiner Mutter geschah das nur zu meinem eigenen Schutz. Mir könnte ja etwas passieren, wenn ich mich mit den falschen Menschen abgäbe. Und wer die falschen, bösen Menschen waren, bestimmte meine Mutter für mich.

»Gehe nie zu den Krakels nach Hause! Die sind gefährlich! Wenn Yasmin eine eigene Wohnung hat, gehe auch nicht zu ihr! Das sind Mörder!«, erzählte sie mir und nahm einen großen Schluck von ihrem Kaffee. Mit weit geöffneten Augen fuhr sie fort: »Trinke auch keinen Alkohol mit Yasmin! Gehe nie zu denen in die Türkei!«

Ich war verwirrt, weil ich nicht verstand, warum ich

mit Yasmin Alkohol trinken sollte. Schließlich waren wir ja noch in der Grundschule, und Alkohol tranken doch nur Erwachsene – und zwar solche, die laut meiner Mutter »nicht genügend Abfall gemacht haben und dadurch junge Frauen vergewaltigt haben«. Auch bis Yasmin irgendwann einmal eine eigene Wohnung hätte, würde es noch lange dauern. Wieder wurde ich wütend auf meine Mutter, denn Yasmin war schließlich meine beste Freundin, und ich wollte mir nicht sagen lassen, mit wem ich befreundet sein durfte und mit wem nicht. Die Stunden, die ich bei Yasmin verbrachte, waren die einzigen, in denen ich loslassen konnte … in denen niemand mich schikanierte und ich Normalität erfuhr. Das durfte meine Mutter mir nicht nehmen! Ihre Worte schürten meine Angst und meinen Zorn. Diese Unterstellungen mit dem Alkohol waren mir zu viel, denn ich hatte das Bild von den alten Männern im Kopf, die am See auf den Parkbänken lagen und laut fluchten, während sie mit der Bierflasche in der Hand herumwedelten. Das sollten Yasmin und ich tun, wenn wir am Spielen waren? Bei dem Gedanken wurde ich so sauer, dass ich mir die Inliner anzog und mit voller Wucht gegen unser Glasregal trat. Mit den Inlinern tat es nicht so weh, und ich hatte mehr Kraft, die Scheibe zu zerschmettern. Das Glas zersprang, und meine Mutter fing hysterisch an zu weinen.

Ich wusste nicht, wie man reagiert, wenn jemand weint. Häufig lachte ich, aber jetzt saß ich einfach nur da und wartete, bis meine Mutter aufhörte, meine beste Freundin schlechtzureden, und mir wieder erlaubte, mit ihr befreundet zu sein. Ich war mir sehr sicher, dass sie falschlag mit dem, was sie über Yasmins Familie sagte. Die Krakels waren keine Mörder! Ich kannte sie schon seit dem Kindergarten. Wären sie wirklich Mörder gewesen, hätte es zig Gelegenheiten gegeben, zu denen sie mich hätten umlegen können. Aber das hatten sie nicht getan, und das würden sie auch nicht tun, so schätzte ich sie einfach nicht ein. Da ich viele Krimis schaute, kannte ich mich ziemlich gut aus mit den Motiven, die Mörder antrieben. Wir hatten nicht viel Geld, und wertvollen Besitz hatten wir auch keinen, daher fiel dies schon mal weg. Eine Beziehungskrise war auch nicht möglich, da meine Mutter niemanden körperlich an sich heranließ außer mich, und einen schlimmen Streit mit Yasmins Eltern hatte es bisher auch nicht gegeben. Manchmal stoppte Frau Krakel meine Mutter, wenn sie mal wieder abschweifte und Sachen erzählte, die uns Kinder gruseln könnten. Auch wenn Yasmin und ich das längst gewöhnt waren und Prismo, Yasmins kleiner Bruder, sich schon noch daran gewöhnen würde. Welches Motiv hätte Familie Krakel denn dann haben können?

»Dich mir wegnehmen«, stieß meine Mutter hervor, als ich sie danach fragte. Aber dann hätten Yasmins Eltern mich ja wohl eher lebendig als tot haben wollen.

Doch für vernünftige Argumente war meine Mutter nicht zugänglich. Niemand aus der Verwandtschaft sollte zu mir Kontakt haben. Meine Mutter verbot mir, meine Oma, meine Cousinen, meine Tante und meinen Onkel zu sehen, weil sie angeblich böse seien.

»Wen habe ich denn noch?«, fragte ich mich oft. Eines Nachmittags stieg ich auf mein Rad und fuhr zu Yasmins Großmutter, Oma Erika, so durfte ich sie nennen. Sie wohnte nur zwei Straßen von uns entfernt. Ich klingelte an der Tür, und als sie öffnete, fragte ich sie, ob sie meine Ersatzoma sein könnte, da meine richtige Oma keinen Kontakt zu mir haben dürfe. Sie lachte, war sichtlich gerührt und meinte: »Selbstverständlich kann ich das für dich sein, ich bin auch deine Oma.« Erleichtert fuhr ich wieder nach Hause. Dieses Gespräch hielt ich vor meiner Mutter geheim, damit sie mir Oma Erika nicht auch noch wegnahm.

Oma Erika und meine Mutter kannten sich von früher. Als meine Mutter nach Deutschland gekommen war, war sie auf dieselbe Schule wie ich gegangen: die Grundschule Düsseldorfer Straße. Oma Erika war dort Bibliothekarin und erkannte meine Mutter sofort wieder, als diese mich zur Schule brachte und sie sich im Treppenhaus begegneten. Beide fielen sich glücklich in die Arme und lachten über diesen witzigen Zufall. Als wäre es Schicksal gewesen, dass Yasmin und ich beste Freundinnen wurden.

Yasmin und ich erzählten ihrer Großmutter alles, was wir an Lustigem gemeinsam erlebt hatten. Sie ermunterte uns, dass wir uns all die schönen Momente immer wieder gegenseitig erzählen sollten, um uns noch ganz lange daran erinnern zu können. Und das taten wir auch. Ich erzählte Yasmin auch immer wieder, was ich in der Türkei erlebt hatte. Wie es mir dort gefallen hatte. Es war wie ein Ritual, denn ich wollte meine Familie nicht vergessen. Vor allem nicht meinen Vater.

Leider besuchten Yasmin und ich nicht dieselbe Grundschule, aber die Kindergartenzeit hatte uns für viele Jahre zusammengeschweißt.

Wenn ich meinen Klassenkameraden gegenüber Geschichten erzählte, die ich aus den Hirngespinsten meiner Mutter aufgeschnappt hatte, wurde ich oft als Lügnerin beschimpft. Yasmin zweifelte auch manchmal am Wahrheitsgehalt meiner Geschichten, verurteilte mich jedoch nicht und schloss mich auch nie aus. Es tat gut, jemanden zu haben, mit dem ich über all das reden konnte, was zu Hause passierte, ohne weggestoßen zu werden.

Manchmal passierten aber auch Dinge, über die es noch schwieriger war zu reden als über die Hirngespinste meiner Mutter. Zum Beispiel, als sich ein fremder Mann vor mir und anderen Kindern nackt auszog …

In unserer Gegend war viel los. Oft randalierten Jugendliche, manchmal hörte man von der einen oder anderen Messerstecherei und von Nachbarn, die sich bekriegten. Der Eiswagen aber war immer das Highlight in unserer Straße. Wenn laute Musik ertönte, dann wussten alle Kinder Bescheid: Der Eismann war da! Dann liefen diejenigen, die ein paar Centstücke in der Tasche hatten, los und kauften sich eine Kugel Eis und andere Süßigkeiten.

Kinder aus der ganzen Nachbarschaft trafen sich auf dem Spielplatz gegenüber. Der Weg über die Straße war natürlich viel zu gefährlich, als dass ich ihn allein hätte zurücklegen dürfen. Obwohl ich schon zur Schule ging, musste ich noch an der Hand meiner Mutter gehen, damit ich nicht vom Auto überfahren wurde.

Auch an jenem Tag brachte mich meine Mutter über die Straße, sodass ich mich auf dem Spielplatz gegenüber von unserem Hochhaus austoben konnte. Die Jüngeren saßen auf der Wippe, und wir, die Grundschüler, schaukelten uns den Magen kugelig. Wir holten so viel Schwung, bis wir runterfielen und mit dem Gesicht im Sand landeten. Das war aber kein Problem für uns, denn »Schmutz reinigt bekanntlich den Magen«. Kein Erwachsener war dort, wir hatten keine Aufsicht. Meine Mutter hatte sich wieder in die Wohnung verzogen, um mit dem Magier zu reden. Wenn auch mit großen Schuldgefühlen, weil sie nicht auf mich aufpasste. Das wollten an diesem frühen Abend die Eltern von Margarita vom Küchenfenster aus übernehmen, während sie die Hausarbeit verrichteten und Margaritas jüngere Geschwister ins Bett brachten.

Ich war sehr froh darüber, dass meine Mutter nicht da war, da es mir mit ihrer Distanzlosigkeit und ihren Hirngespinsten gerade wieder mal zu viel wurde. Ich brauchte Abstand, und den bekam ich bei ihr nur schwer – eigentlich nie. Sobald ich bei Yasmin war, konnte ich abschalten und meine Kindheit leben. Aber selbst dorthin verfolgte mich die Parallelwelt meiner Mutter immer öfter, denn mit den ständigen Warnungen vor den vielen Gefahren in der Welt und insbesondere den Krakels ließ es sich nicht allzu sorgenfrei leben.

Während ich immer wilder schaukelte, rückte die Welt meiner Mutter weiter in den Hintergrund. Erst als mein Magen Achterbahn fuhr, legte ich eine kleine Pause ein und baute mit ein paar Kindern Sandburgen. Da setzte sich ein Herr mittleren Alters auf die Bank, auf der sonst die Eltern saßen. Er hatte eine Kapuze übergezogen und war dunkel gekleidet. Mit einem Mal zog er seine dunkelgrünen Socken aus und hängte sie über die Lehne der Bank. Wir dachten uns nichts dabei und spielten weiter. Vielleicht hatte er ja heiße Füße. Der Tag war schließlich warm, und die Sonne ging spät unter. Verständlich, dass einem in langer schwarzer Hose und schwarzem Kapuzenpullover warm wurde. Die Hose hatte an den Seiten viele Taschen und erinnerte mich ein wenig an die eines Soldaten. Soldaten kannte ich aus dem Computerspiel »Counter Strike«, das spielte ein Freund von mir aus dem Hort, und ich durfte manchmal dabei zuschauen.

Wir beachteten den Mann nicht weiter, bis ich aus dem Augenwinkel seine nackten Beine bemerkte und meinen Freundinnen einen erschrockenen Blick zuwarf. Nun sahen auch sie zu ihm rüber. Sein langer schwarzer Pullover verdeckte gerade so seinen Penis. Es dauerte nicht lange, da zog er den Pullover hoch.

In dem Moment, als sein Kopf im Pullover feststeckte, rannten meine Freundinnen und ich so schnell wir konnten über die Straße zur Haustür des Hochhauses. Auf halbem Weg sprang ich ins Gebüsch und versteckte mich. Die anderen bemerkten gar nicht, dass ich nicht mehr bei ihnen war. Zwei Kinder befanden sich noch auf dem Spielplatz, während meine Freundinnen schreiend zu ihren Wohnungen rannten. Der Mann lief ihnen hinterher, doch als er bei der Haustür ankam, war sie schon wieder geschlossen.

Die beiden kleinen Mädchen standen wie angewurzelt in der Sandkiste, machten große Augen und klammerten sich aneinander. Der Mann ging wieder zur Bank und zog nun auch sein T-Shirt aus.

In dem Moment hörte ich den Eiswagen und dachte, ich müsse nun einschreiten und die beiden Kinder beschützen. Also sprang ich aus dem Gebüsch und lief auf den Eiswagen zu. Ich musste gar nicht viel sagen, da der Eismann den nackten Mann auf dem Spielplatz wohl schon von Weitem gesehen hatte. Er reagierte sofort und bewarf ihn mit Eiskugeln. Währenddessen stellte ich mich an die Seite des Wagens und suchte dort Schutz. Ich konnte nicht einordnen, was dieser Mann von uns Kindern wollte. Doch ich war mir sicher, dass er zu den Bösen gehörte, von denen meine Mutter immer sprach. Den bösen Männern, die einen vergewaltigen und vielleicht sogar ermorden wollten.

Der Mann flüchtete, und meine Mutter meldete den Vorfall der Polizei. Am nächsten Tag musste ich auf dem Revier eine Aussage machen. Wie der Mann aussah, wusste ich noch, aber sein Alter zu schätzen war nicht so leicht für eine Siebenjährige. Für mich waren alle erwachsen, die größer waren als ich. Nachdem ich den Polizisten erzählt hatte, was passiert war, durfte ich wieder nach Hause. Doch der Mann ging mir nicht aus dem Kopf. Ich hatte noch nie zuvor einen nackten Mann gesehen. Nicht einmal meinen Baba. Meine Mutter sprach zu ihrem Magier und betete dafür, dass ich nie wieder einen nackten Mann sehen müsse.

Es dauerte nicht lange, bis ich ein zweites Mal auf das Revier und eine weitere Aussage tätigen musste. Wieder war etwas Schreckliches passiert, und ich wollte helfen, den Täter zu schnappen. Aber davon erzähle ich an anderer Stelle.

Meine Mutter schaute fast nie fern oder las Zeitung, dennoch war sie immer über den aktuellen Stand der Nachrichten informiert. Vielleicht erzählte ihr Magier ihr ja, was in der Welt vor sich ging, vielleicht konnte sie auch hellsehen. Es hätte mich nicht gewundert, da sie viele Personen und auch Dinge sah, die ich nicht sehen konnte. Vor allem die Gefahren, die draußen lauerten. Das schränkte mich mehr und mehr ein.

Es war ein sonniger Tag, meine Freundinnen aus der Nachbarschaft spielten draußen bei schönem Wetter und verkauften selbst gemachte Limonade. Ich stand auf dem Balkon und durfte sie nur aus der Ferne beobachten. Dabei hätte ich alles dafür gegeben, meinen Freundinnen bei der Zubereitung der Limonade und beim Verkauf zu helfen. Das sah so spaßig aus – aber meine Mutter erlaubte es nicht. Also versuchte ich sie zu überreden, auch Limonade zu machen und diese im Eingang des Hochhauses, in dem wir lebten, zu verkaufen. So wäre ich zum einen nicht weit weg, und zum anderen könnte ich auch noch Geld verdienen, da man direkt am Eingang mehr Menschen antraf als gegenüber bei der Parkbank. Ein paar Euro mehr im Portemonnaie hätten uns nicht geschadet.

Weil ich aber erst sieben Jahre alt war, war der Limonadenverkauf in den Augen meiner Mutter Kinderarbeit. Es hieß also immer noch Nein. Ich durfte nicht. Viel zu gefährlich! Jemand könnte mich entführen!

Auf die Idee, beim Limonadenverkauf dabei zu sein und auf mich aufzupassen, kam sie nicht, zumal sie nicht so lange stehen konnte und sich gerade mitten in einem heiklen Gespräch mit ihrem Magier befand. Wahrscheinlich hatte sie mir gar nicht richtig zugehört. Es war schwierig, sich mit ihr zu unterhalten, wenn der Magier oder andere Gestalten dazwischenfunkten.

Enttäuscht ging ich in unser Schlafzimmer und sah den Nachbarskindern vom Fenster aus zu. *Ich verstehe das nicht! Das Wetter ist schön, ich würde so gern draußen spielen. Und ich darf schon wieder nicht raus, weil sie es mir verbietet,* dachte ich.

Nach einiger Zeit kam meine Mutter in unser Schlafzimmer und machte mir den Vorschlag, bei uns auf dem Flur Limonade zu verkaufen. Ich sprang vor Freude auf und ab und lief schnurstracks in die Küche. Dort warteten schon die Zitronen, der Zucker und das Wasser auf mich. Ich hatte mir die Zutaten vorher bereitgestellt für den Fall, dass ich doch noch Limonade machen durfte. Allerdings hatte ich keine Ahnung, wie man die Mengen dosierte. Das Rezept hatte mir meine Mutter aus dem Kopf aufgesagt. Als ich alles zusammengemixt hatte, probierte sie und meinte, ich hätte zu viel Zucker verwendet, aber so schmeckte es mir am besten.

Fünfzig Cent sollte ein Glas Limonade an meinem Verkaufsstand kosten. Ich holte einen Hocker, um die Limonade darauf abzustellen, und klebte mit Tesafilm das selbst gebastelte Preisschild daran. Die gelbe Schrift war schwer lesbar, aber ich dachte mir, wenn es jemand nicht lesen konnte, dann würde er schon nachfragen. Das Gelb hatte ich ausgewählt, weil die Zitronen gelb waren, und ich fand, dass es keine passendere Farbe für die Limonade gab. Für die Gläser brauchte ich noch Strohhalme, die wir zum Glück immer vorrätig hatten. Ich trank zu Hause nämlich nur mit Strohhalm, da ich meiner Mutter, was den Abwasch anging, nicht vertraute. Zum Schluss nahm ich eine kleine Schachtel aus Pappe, die als Kasse dienen sollte, und legte auf Anraten meiner Mutter ein paar Centstücke als Wechselgeld hinein. Nun hatte ich alles zusammen: einen Verkaufsstand, ein Preisschild, die Limonade, Gläser, Strohhalme und eine Kasse. Meine Mutter nahm die Sachen und trug sie in den Flur unserer Wohnung. Verwirrt blieb ich neben ihr stehen.

»Ich dachte, wir gehen auf den Flur vor unserer Wohnungstür?«, fragte ich verwundert.

»Nein«, erwiderte sie, »das ist viel zu gefährlich.«

»Und die Tür?«, fragte ich und realisierte in diesem Moment noch gar nicht, was ihr vorschwebte.

»Die bleibt geschlossen. Das wäre sonst zu gefährlich.«

»Aber hier in unserem Flur kommt doch niemand vorbei, wenn wir unsere Wohnungstür nicht offen stehen lassen«, erwiderte ich.

»Genau. So kann auch niemand dich mir wegnehmen.«

Ich stand wie angewurzelt vor ihr. Warum bauten wir überhaupt einen Limonadenstand auf, wenn keiner kommen konnte, um sich ein Glas Limonade zu kaufen? Das ergab doch keinen Sinn!

Trotzdem stellte ich mich hinter den Hocker und wartete, obwohl mir bewusst war, dass niemand kommen würde. Ob meine Mutter das wohl auch wusste? Vielleicht war ihr gar nicht klar, dass ich ihre Gestalten nicht sehen konnte. Womöglich glaubte sie ja, dass diese ein Glas Limonade bei mir kaufen würden.

Während wir dastanden und warteten, beschäftigte sich meine Mutter, indem sie mit jemandem ein Gespräch anfing. Zum Glück war es kein Streitgespräch, das wühlte mich immer so auf. Wenn sie sich stritt, wurde sie manchmal ziemlich laut, gestikulierte wild, schrie und weinte extrem. Dann wusste ich nicht, was los war und was ich tun konnte. Jetzt aber starrte ich in der Gegend umher und langweilte mich. Sie redete über Inflation, ein Thema, von dem ich nichts verstand; ich kannte nicht einmal das Wort. Manchmal versuchte sie mich in ihr Gespräch mit dem Magier einzubinden, indem sie das Wort an mich richtete und mir sagte, dass viele Firmen auf billige Strychnin-Trennmittel umsteigen würden. Ich hatte keinen blassen Schimmer, was Strychnin war, aber für meine Mutter war es ein Trennmittel, das als Droge und Rattengift benutzt wurde. Sie sagte, dass Strychnin, egal ob Trennmittel, Droge oder Rattengift, in der Zusammensetzung immer gleich sei. Ich hatte schon längst abgeschaltet und hörte ihr nicht mehr zu. Das passierte oft, wenn sie mit ihrem Magier sprach. Dann versank ich in meiner eigenen Welt und hörte bald nur noch meine Gedanken.

Ich dachte an meine Freundinnen, die bestimmt jede Menge Spaß draußen beim Limonadenverkauf hatten. In unserem Flur war die Hitze wenigstens auszuhalten. Allerdings war das Flurlicht kaputt, weshalb wir im Dunkeln standen. Viel Licht vom Wohnzimmer oder der Küche schien wirklich nicht herein. Nach einer Weile plagte uns beide die Langeweile so sehr, dass wir uns ein Glas Limonade einschenkten und den Stand abbauten. Danach setzte sich meine Mutter wieder aufs Sofa und führte ihre Gespräche fort, während ich mich in unser Schlafzimmer zurückzog und dort mit meinen Plüschtieren spielte.

Irgendwann wurde mir langweilig, und ich holte ein Spielzeug von Playmobil hervor, das ich vor Kurzem geschenkt bekommen hatte und das mich faszinierte. Aus einem schwarzen Plastikklavier ertönte eine Melodie von Beethoven – *Für Elise*. Man musste alle Tasten gleichzeitig runterdrücken, damit das Lied noch einmal abgespielt wurde. Stundenlang saß ich davor, drückte auf die Tasten und entschied, dass das Stück ab jetzt mein Lieblingslied sei.

Wir hatten keinen CD-Player, daher hörte ich Musik nur im Fernsehen. Aber solch eine Art von Musik war mir zuvor nie untergekommen. Ich kannte Hip-Hop, Rap, Charts und türkische Musik, doch nun hatte die klassische Musik es mir angetan.

Je länger ich zuhörte, desto trauriger wurde ich, weil meine Mutter nicht dafür sorgte, dass wir mehr von dieser Musik hören konnten. Aber erwarten durfte ich sowieso nichts von ihr. Sogar an meinem Geburtstag gab es manchmal nichts, da meine Mutter nicht gut mit Geld umgehen konnte und ihn ab und zu sogar vergaß.

Ich wurde ganz ruhig und war immer noch fixiert auf das kleine schwarze Klavier mit den weißen Tasten. Die Musik regte mich zum Nachdenken an. Ich dachte darüber nach, wie jemand Musik schrieb. Ich dachte darüber nach, weshalb die vielen unterschiedlich klingenden Töne so große Gefühle in mir hervorriefen. Hieß die Musik klassisch, weil das Instrument schwarz und weiß war? Ich wusste es nicht. Ich wusste nur, was die Musik in mir auslöste. Einen Kurzfilm, der von meinen Erinnerungen handelte …

Ich musste an das Unglück denken, das sich vorgestern vor unserer Straße ereignet hatte. Zwei junge Leute wollten ein Rennen fahren. Beide waren verunglückt. Den einen hatten meine Mutter und ich kurz nach dem Unfall gesehen …

Es ist Abend, wir sind auf dem Rückweg vom Einki, dem Einkaufszentrum in Blockdiek. Oft schmeckt mir das Essen meiner Mutter nicht, daher habe ich sie gebeten, auswärts essen zu gehen. Ich habe mir einen Döner und dazu ein Vitamalz bestellt, mein Lieblingsessen und mein Lieblingsgetränk.

Meine Mutter schiebt mich im Kinderwagen, obwohl wir beide wissen, dass ich viel zu alt dafür bin. Aber ich mag es, wenn sie mich durch die Gegend schiebt, denn dabei kann ich immer entspannt an der frischen Luft schlafen. Das ist unser Kompromiss zwischen meinem Wunsch, mich in der Dunkelheit, wenn alles so aufregend scheint, im Freien aufzuhalten, und der ewigen Angst meiner Mutter um mich: am Abend gemeinsam mit mir rauszugehen. Auf dem Nachhauseweg überqueren wir den Zebrastreifen zu unserer Straße. Meine Mutter hält plötzlich den Kinderwagen an.

Reifen quietschen, und es erklingt ein lautes »Rums«. Danach zischt es. Ich kann das Geräusch nicht einordnen und steige aus dem Kinderwagen, um besser sehen zu können.

Für einen Moment sind alle Blicke auf uns gerichtet, als ich, ein achtjähriges Mädchen, aus einem Kinderwagen klettere. Mehrere Passanten sind unterwegs, sie stehen alle nur da wie angewurzelt, keiner traut sich einen Schritt zu machen. Direkt vor uns hat sich ein Unfall ereignet. Ich sehe einen jungen Mann blutend im Airbag seines Wagens liegen. Erst nach einiger Zeit bewegt sich jemand auf ihn zu und ruft einen Krankenwagen.

Als die Polizei erscheint, werden wir gebeten, uns vom Unfallort fernzuhalten. Meine Mutter hat gar nicht mitbekommen, dass ich aus dem Kinderwagen gestiegen bin und neben ihr stehe. Als sie mich sieht, schreit sie auf, packt mich am Arm und bringt mich sofort nach Hause. Sie will nicht, dass ich die Szene mitansehe. In unserer Wohnung setze ich mich auf das Sofa und lasse den Fernseher aus, schaue nur ins Leere.

Um mich etwas aufzumuntern, kaufte mir meine Mutter am nächsten Tag das neue Micky-Maus-Heft.

»Dieses Mal gibt es im Heft als Spielzeug zwei Klapperschlangeneier«, sagte sie.

In der Grundschulzeit aber hinterfragte ich noch nicht, ob an dem, was meine Mutter sagte, etwas nicht stimmen könnte … Bei einigen der angeblichen Fakten erwische ich mich heute noch dabei, wie sie mein Handeln und Denken weiterhin verdrehen. Eine Freundin schenkte mir vor Kurzem einen Handwärmer, den ich mich nicht traute zu verwenden. Meine Mutter hatte mir nämlich gesagt, dass man Handwärmer nur einmal benutzen dürfe, da sie sonst wegen der Chemikalien zu gefährlich würden. Und was die »Klapperschlangeneier« anging: Heute weiß ich, dass es sich um zwei Magneten handelte, die beim Aufeinandertreffen in der Luft die Geräusche einer Klapperschlange nachahmten.

Kurz bevor meine Mutter mich zur Schule brachte, sagte sie zu mir, dass aus den Eiern Schlangen schlüpfen könnten, wenn sie zu warm gelagert würden, und ich auf mich aufpassen solle. Das ergab irgendwie Sinn für mich. Schließlich hatten wir im Unterricht gelernt, dass aus Eiern, die bebrütet wurden, Küken schlüpften.

In meiner Klasse hatte ich auf einmal ein ganz mulmiges Gefühl im Bauch, weil ich die Klapperschlangeneier mit in die Schule genommen hatte. Am Ende würde ich meine Klassenkameraden damit gefährden!

In meinem Kopf spielten sich Horrorszenarien ab von Schlangen, die uns in der Klasse einschlossen, die Kinder bissen und letztendlich töteten, so wie im Horrorfilm *Snakes on a Plane,* den ich nachts im Fernsehen gesehen hatte: Schlangen, die an einem hochsprangen, einem in die Augen oder in den Kopf bissen und einem das Gift in die Adern spritzten. Ich hatte Bilder von blutenden Mitschülern und Mitschülerinnen vor Augen, die voller Panik durch das Klassenzimmer rannten und nacheinander alle starben.

In meiner Klasse war ich nicht die Einzige, die diese Eier aus dem Micky-Maus-Heft hatte. Auch Lara, Tim und Jannis besaßen welche.

Bevor der Unterricht begann, konnte ich die anderen Kinder noch davon überzeugen, dass sie ihre Eier kühl lagern sollten. Wir deponierten sie am Waschbecken und wuschen sie mit kaltem Wasser ab. Allerdings befand sich das Waschbecken neben der Tür im Klassenzimmer, weshalb ich mich kaum auf den Unterricht konzentrieren konnte und stattdessen mit meinen Gedanken und Schuldgefühlen beschäftigt war. Wenn die Schlangen, aus welchen Gründen auch immer, am Waschbecken schlüpften, würden sie den Ausgang versperren, und wir wären umzingelt. Dann gäbe es kein Zurück mehr, und ich würde die alleinige Schuld am Tod meiner Klassenkameradinnen und Klassenkameraden tragen. Zwar war ich nicht die Einzige, die diese Eier mitgebracht hatte, aber außer mir wusste doch niemand, dass giftige Klapperschlangen daraus schlüpfen konnten!

Ich drückte den ganzen Vormittag die Daumen in der Hoffnung, dass nichts passierte. Ausgerechnet an dem Tag schrieben wir einen Mathetest. Dabei waren meine Gedanken doch ganz woanders, nämlich hier in der Realität. Einer meiner Klassenkameraden merkte, dass ich unkonzentriert war, und riet mir, dass ich einfach irgendwelche Zahlen in die leeren Felder schreiben solle – das würde schon klappen. Ich hörte auf seinen Rat und widmete meine Blicke wieder den Klapperschlangeneiern am Waschbecken. Als die letzte Stunde herum war, wickelte ich die Eier in kalte, nasse Tücher ein, damit aus ihnen auch auf dem Nachhauseweg keine Schlangen schlüpfen könnten. Fieberhaft überlegte ich, wie Schlangenbeschwörer ihre Schlangen dazu brachten, im Korb zu bleiben. Einfach den Deckel drauflassen? Oder wie war das noch mit der Musik und der Flöte? Ich wünschte, ich wüsste mir besser zu helfen. Zu Hause angekommen bat ich meine Mutter, die Eier umgehend zu vernichten, sodass keine Schlangen aus ihnen schlüpfen konnten. Von neuen Spielzeugen hielt ich mich von da an erst mal fern.

Die nächste Begegnung, die meinen Puls in die Höhe trieb, ließ nicht lange auf sich warten.

Ich träumte davon, mit einem Rucksack die Welt zu bereisen.

Wann immer ich meiner Mutter entkommen und Yasmin dazu überreden konnte, mit mir eine spontane Fahrradtour zu machen, fühlte es sich fast so an. Wir fuhren mit dem Rad durch Bremen, ohne den Weg zu kennen, und erkundeten neue Ortsteile, in denen wir noch nie gewesen waren. Und natürlich hatten wir einen Rucksack dabei, in dem wir Wasser und unseren Proviant transportierten. Unsere Ausflüge waren vielleicht riskant, da wir kein Handy und keine Uhr besaßen, aber wir waren zuversichtlich, dass wir wieder nach Hause finden würden. Wenn ich mich auf das Rad setzte und einfach irgendwohin fuhr, ohne die Richtung zu kennen, fühlte ich mich frei und vergaß für eine Weile, welche nervenaufreibende Welt zu Hause auf mich wartete. Mit Yasmin an meiner Seite fühlte ich mich sicher. Ich konnte voller Zuversicht in die Pedale treten und einem neuen Abenteuer entgegensehen. Sehr oft mussten wir lachen, weil wir irgendwo rauskamen, wo wir uns dann doch auskannten. Statt fremde Gebiete zu erkunden, hatten wir eine neue Abkürzung gelernt.

An einem Nachmittag fuhren wir zu einem nahen See. Direkt am Ufer lag eine Frau, der jemand mehrere Male in den Bauch gestochen hatte. Ihre Augen waren geöffnet und schauten seltsam nach oben. Ihr Gesicht sah sehr blass und aufgedunsen aus. Ich schickte Yasmin weg, sie sollte weiterfahren. Sie wurde misstrauisch und wollte wissen, weshalb.

»Ich muss noch kurz auf Klo!«, zischte ich und bat sie, vorn am Schild vom Spielplatz auf mich zu warten.

Ich war mir nicht sicher, ob sie die tote Frau gesehen hatte. Sie hatte schließlich in die gleiche Richtung geguckt wie ich. Doch anders als ich durfte sie keine Krimis und Horrorfilme schauen, also hätte sie sicher nicht so gelassen reagiert.

Als Yasmin außer Sicht war, legte ich mein Fahrrad auf dem Rasen ab und ging ein paar Schritte auf die Frau zu. Ein lila Hut schwamm direkt neben ihr, er hatte sich in den Ästen verfangen. Ob der wohl ihr gehört hatte? Einige Sekunden stand ich nur da und starrte sie an. Und wusste nicht, was ich tun sollte.

Zu Hause erzählte ich meiner Mutter davon. Wie auch beim Vorfall am Spielplatz schaltete sie die Polizei ein. Ein paar Tage später musste ich eine Aussage machen – das kannte ich ja schon. Die Polizisten waren diesmal andere, aber das Revier war dasselbe. Ich sollte erzählen, was ich gesehen hatte – mehr nicht. Aber ich hörte, wie ein Polizist mit einem Bart meiner Mutter riet, mich zum Psychologen zu bringen. Vielleicht stimmte ja etwas nicht mit mir? Unwillkürlich fragte ich mich, ob die Frau wirklich dort gelegen oder ob ich mir das nur eingebildet hatte. Ich wusste aber doch, was ich gesehen hatte! Und schließlich hatte ich nicht zum ersten Mal eine Leiche gesehen. Das war nichts Neues für mich.

Meine Mutter brach wieder in Tränen aus.

»Sie hat schon viel zu viel für ihr Alter gesehen, aber ich will sie nicht zum Psychologen schicken. Sie ist doch viel zu jung. Ich will nicht, dass man sie mir wegnimmt«, sagte meine Mutter.

Aha! Also konnten die Psychologen veranlassen, dass ich meiner Mutter weggenommen würde? Ich hatte eher das Bild von Männern in weißen Kitteln und mit Spritzen vor Augen, die mich in eine Klinik einweisen wollten. Solche Leute wurden im Fernsehen auch Psychologen genannt. Ich war wieder einmal verwirrt.

»Geht es der Frau denn gut, die am See war?«, fragte ich zögernd.

Ein Polizist sah mich an und schüttelte den Kopf. Da hatte ich meine Antwort! Ich wusste ja, dass ich einen Leichnam gefunden hatte. Die Frau war tot, und ich hatte es gesehen. Hoffentlich konnte ich etwas zum Fall beitragen. Die Polizisten drückten mir nach dem Gespräch zwei Traubenzucker in die Hand und strichen mir über den Kopf.

»Alles Gute«, sagte der eine Polizist mit dem Bart.

Ich drehte mich um und verließ die Polizeistelle.

Die Welt meiner Mutter, die des Fernsehens und auch die Welt, die ich außerhalb meines Zuhauses erkundete, hatten etwas gemeinsam: Sie waren bedrohlich. Die Wesen, mit denen meine Mutter sprach, trugen offenkundig das ihre dazu bei, ihre Welt noch angsteinflößender zu machen. Warum sonst weiteten sich ihre Augen, krümmte sie sich, schrie, fluchte und weinte sie?

Die Welt des Fernsehens war meine Flucht. Meine Mutter, die mir sonst so viel verbot, schien nichts dagegen zu haben, dass ich von klein auf Krimis und Horrorgeschichten schaute. In gewisser Weise zementierten sie, was meine Mutter mir über die Welt erzählte: dass sie gefährlich sei. Doch hatten sie auch etwas Positives. Verbrechen wurden aufgeklärt, die Bösewichte getötet. Es ging immer gut aus, wenn auch nicht für alle.

In der Welt, wie ich sie erfuhr, stürzten Menschen sich von Balkonen, starben bei Unfällen oder im See, oder sie schikanierten einen. Dennoch war ich nicht bereit, mich zu verstecken und dem Leben zu entziehen, wie meine Mutter es tat. Da waren solch eine Neugierde, solch ein Freiheitsdrang in mir. Ich wollte raus, spielen, Spaß haben, Neues erfahren – und immer öfter auch fliehen. Sosehr meine Mutter versuchte, mich mit ihren Warnungen und Verboten drinnen zu halten, wurde ich doch älter. Und ich lernte dazu …

Eines späten Nachmittags klingelten Tim und Dominik an der Tür und wollten mit mir Fußball spielen. Diesmal diskutierte ich gar nicht mehr mit meiner Mutter, sondern lief einfach nach unten. Meine Mutter kam so schnell nicht hinterher. Erst nach einer ganzen Weile fand sie mich, wie ich beim kleinen Spielplatz ein Stück von unserem Zuhause entfernt Fußball spielte. Natürlich wollte sie, dass ich mit ihr nach Hause ging. Ich aber ließ mich nicht reinholen, nicht an diesem Tag. Tim und Dominik waren meine Freunde, und ich wollte in meiner Freizeit mit ihnen spielen. Meine Mutter setzte sich auf die Parkbank. Im Fünfminutentakt sagte sie zu mir, dass es jetzt gut sei und ich hochkommen solle, weil ich ins Bett müsse. Ich hingegen ignorierte sie und spielte weiter Fußball mit den Jungs. Um 21 Uhr mussten Tim und Dominik nach Hause, woraufhin ich mit meiner Mutter nach oben in unsere Wohnung ging.

Zu Hause zog ich erst mal meinen Schlafanzug an und setzte mich dann auf unser Sofa. Comedy Central war mein Lieblingssender in der Nacht, denn da kamen immer *South Park* oder *Little Britain*. Früher hatte ich Serien, in denen echte Menschen mitspielen, gehasst. Heute arrangierte ich mich mit einer Mischung aus beidem. Vertieft in die Serie, bekam ich nur noch mit, wie meine Mutter sich zu mir setzte und wieder zur Deckenlampe sprach. Ich wusste, sie redete mit Michael, unserem Magier. Mit keiner anderen Gestalt konnte sie so vertraut reden wie mit ihm. Außerdem konnte er nur Deutsch, wie sie mir mal erzählt hatte.

Irgendwann wanderten meine Gedanken zurück zu dem, was an diesem Abend passiert war. Wie meine Mutter mich gedrängt hatte, mit ihr nach Hause zu gehen, und ich sie ignoriert hatte. Da fiel mir das erste Mal auf, dass ich tun und lassen konnte, was ich wollte. Dass meine Mutter mich nicht mehr zu Hause festhalten und einsperren konnte, wenn ihr Alltag wieder von ihren Halluzinationen und Gefahren dominiert wurde. Ich wusste von nun an, wie ich die Zwangsjacke aufreißen und mein Leben selbst bestimmen konnte: indem ich ihr einfach nicht gehorchte. Auf einmal war ich frei und konnte für mich allein entscheiden.

Aber das war bald vorbei. Ich sollte nämlich ins Internat.

4
»Diese Züge sind nicht von dir!«

Ich war neun Jahre alt, als der Sozialarbeiter beschloss, dass ich ins Internat sollte. Einerseits freute ich mich, weil ich so etwas im Fernsehen gesehen hatte und ein Aufenthalt im Internat ziemlich lustig zu sein schien. Andererseits würde ich bestimmt meine Mutter vermissen, die ich trotz der schwierigen Momente doch sehr lieb hatte.

Mir blieben nur wenige Tage Zeit, mich von meiner Mutter zu verabschieden, die wichtigsten Sachen zu packen und meine beiden Meerschweinchen Tuna und Melli mitzunehmen. Insgesamt hatten wir damals sieben Meerschweinchen, die übrigen fünf blieben bei meiner Mutter. Auch meine Fotos waren mir ganz wichtig: Aufnahmen von meiner Mutter, meinem Vater und von meinem ersten Meerschweinchen Steffi.

Als ich gemeinsam mit meinem Betreuer dort ankam, merkte ich, dass es gar kein Internat war, wie ich es aus dem Fernsehen kannte. Vor mir ragte ein unglaublich großes schwarzes Haus auf. Die Wände im Innern waren mit dunkelbraunem Holz verkleidet. Die Flure waren lang und die Räume groß. Auch die Möbel waren alle aus Holz gefertigt. Ich freute mich trotzdem, obwohl alles so fremd und dunkel war.

Ich hatte ein Zimmer ganz für mich allein. Es war nach Norden gerichtet, daher fiel nicht viel Licht herein. Auch die Wandverkleidung und die Möbel aus dunklem Holz machten den Raum düster. Der Teppich war dunkelgrün. Es fehlte überall an hellen Farben. Die Tatsache, dass ich im Erdgeschoss neben der Eingangstür wohnte, verunsicherte mich. Bestimmt würde ich hier nicht ruhig schlafen können.

Schnell gewann ich eine Freundin, die schon bald wie eine Schwester für mich werden sollte. Sie hieß Britta und war die Tochter des Heimleiters. Britta hatte schulterlanges, orangerotes Haar und trug es zu einem Zopf geflochten. Sie hatte überall Sommersprossen, ein immerwährendes Lächeln und die fröhlichste Aura, die ich bei einem Menschen jemals wahrgenommen hatte. Britta war ein Sonnenschein durch und durch.

Kaum war ich angekommen, half sie mir beim Auspacken. Wir hängten Poster von Aggro Berlin und Bushido in meinem Zimmer auf. Diese Musik hatte mir dabei geholfen, Deutsch zu lernen. Außerdem nagelten wir das kleine Skelett, das ich aus einem Micky-Maus-Heft hatte, an die Wand neben meinem Bett. Als Britta und ich fertig waren mit dem Auspacken, ging sie in ihr eigenes Zimmer, das sich in einem Anbau befand, wo sie gemeinsam mit ihren Eltern lebte. Ich blieb eine Weile allein und versuchte mich an diese vier Wände zu gewöhnen. Da ich die vielen Kinder im Heim noch nicht kannte und das Gebäude so groß war, dass ich Angst hatte, mich zu verlaufen, traute ich mich nicht hinaus.

Gleich am ersten Tag merkte ich, dass der Heimleiter nicht so freundlich war, wie ich es mir erhofft hatte. Er roch stark nach Alkohol und hatte einen kurzen Bart, den er ständig kratzte. Immer wenn er durch die Tür ging, musste er den Kopf leicht senken, um ihn sich nicht anzustoßen – so groß war er. Seine Stimme war rau und tief. Als er mich mit auf eine Hausführung nahm, trafen wir in der Turnhalle auf ein Kind, das irgendetwas Albernes sagte. Das gefiel dem Heimleiter gar nicht, und er schrie das Kind mit einer Wucht an, dass man es sicherlich durch das ganze Haus hörte. Und das Haus war groß.

Meine Mutter hatte mich nie angeschrien. Ich hoffte bloß, dass er das nicht auch mit mir machen würde. Sein Geschrei jagte mir ganz schön Angst ein. Ich hatte noch nie erlebt, dass jemand so laut brüllen konnte.

»Der erste Traum in deinem neuen Zuhause soll in Erfüllung gehen«, sagte der Heimleiter an meinem ersten Abend und verabschiedete sich von mir für die Nacht.

Ich konnte gar nicht schlafen, sondern nur weinen. Ich vermisste meine Mutter. Das Fernsehen in der Nacht. Die anderen Meerschweinchen. Die gewohnte Umgebung. Sogar den Magier, mit dem meine Mutter ständig diskutierte. Der war auf eine Art und Weise immer präsent für mich, vielleicht so wie Gott für gläubige Menschen. Ich traute mich nicht, einfach in den leeren Raum zu sprechen und von meinen Ängsten zu erzählen, da es mir merkwürdig vorkam, mit jemandem zu reden, den ich nicht sehen oder hören konnte. Menschen, die beten und zu Gott sprechen, haben eine Vorstellung von dem Wesen, an das sie sich wenden. Sie glauben, dass Gott barmherzig und gut ist. Dass Gott weiße Kleider trägt und langes braunes Haar hat oder so ähnlich. Durch die sprunghafte Beziehung meiner Mutter zum Magier konnte ich nicht einschätzen, ob dieser wirklich gut oder doch eher schlecht war. Dass ich mich unwohl in seiner Gegenwart fühlte, war für mich ein Zeichen, dass er in Wahrheit zu den bösen Gestalten gehörte, von denen meine Mutter so oft sprach.

In der ersten Nacht im Kinderheim konnte ich nicht aufhören zu weinen, und ich wusste auch nicht, zu wem ich hätte gehen können. Brittas Zimmer kannte ich noch nicht, und sicher schlief sie auch schon. Der Heimleiter war so groß und wirkte so kalt auf mich. In seine Arme mochte ich nicht gern geschlossen werden. Ich konnte ihm nicht vertrauen. Ich wusste ja, dass die Betreuer Geld bekamen, damit sie meine Eltern spielten. Aber meine Mutter hatte mir, seit ich denken konnte, eingetrichtert, dass ich niemandem trauen dürfe, außer ihrem Magier. Und selbst was ihn anging, widersprach sie sich oft.

»Wenn du geweint hast, wasche bitte deine Augen, denn in Tränen ist Salz, das sonst die Augen zerfrisst«, hatte meine Mutter oft zu mir gesagt. »Ich kann nicht so gut sehen und hören wegen der Tränen, die ich nicht weggewischt habe.«

Noch glaubte ich ihren Worten. Ich wollte auf jeden Fall vermeiden, nicht mehr so gut sehen und hören zu können wie sie. Also hieß es: aufstehen, einen nassen Waschlappen zur Hand nehmen und wischen, wischen,

wischen … Wieder ins Bett steigen, vor Einsamkeit weinen, erneut aufstehen und wischen, wischen, wischen … Es war wie ein Teufelskreis.

Die Einsamkeit und Fremde des Heims waren nicht das Einzige, was mich zum Weinen brachte. Ich hatte Angst, meine Mutter mit den bösen Menschen und Gestalten allein zu lassen, und wusste ja auch nicht, wie es ihr gerade ging. Mir war bewusst, dass der Tod sie jederzeit finden könnte. Ich hatte schon vor vielen Jahren erlebt, wie der Tod meinen Vater holen kam.

Die Erinnerung an meinen Vater machte mich noch trauriger, denn auch ihn vermisste ich. Inzwischen hatte ich verstanden, woran er gestorben war. Er hatte einen Gehirntumor gehabt und deswegen am Ende auf einem Auge nichts mehr sehen und später auch nicht mehr laufen können. Mein Vater war ein toller Mann gewesen. Ich hatte viel lieber Zeit mit ihm verbracht als mit meiner Mutter. Was er mir erzählt hatte, war viel cooler und abenteuerlustiger gewesen. Besonders schön hatte ich es gefunden, wenn es in seinen Erzählungen darum gegangen war, einen Berg zu besteigen und durch die Natur zu wandern. Die Geschichten meiner Mutter hingegen waren irgendwie seltsam und machten mir Angst. Meist ging es dabei um mich und was andere Menschen Böses mit mir anstellen wollten. Doch jetzt durfte ich meine Mutter erst mal weder sehen noch ihr Briefe schreiben.

Auch der Kontakt zu Yasmin, meiner besten Freundin seit der Kindergartenzeit, war fürs Erste verboten, und das machte mich sehr traurig. Wer blieb denn übrig?

»Mein ehemaliger Liebhaber, der bei einem Schiffsunglück ums Leben kam, spioniert auch bei dir. Du kannst ihm alles sagen, was dich beschäftigt. Was dir auf dem Herzen liegt«, hatte mich meine Mutter beruhigt, bevor ich ins Heim gebracht worden war. Aber ich wollte wirklich nicht laut mit einer unsichtbaren Gestalt in meinem Zimmer reden. Was, wenn ich eine Antwort bekäme? Der Gedanke, dass tatsächlich jemand mit mir reden und ich auch Stimmen hören würde, am Ende noch von den furchtbaren Gestalten, die meine Mutter quälten, war einfach zu beängstigend.

Ich schrieb meine Gedanken lieber auf oder erzählte den Meerschweinchen, was mich beschäftigte. Schließlich kam ich auf die Idee, den Meerschweinchen aus der Kinderbibel vorzulesen, genau so, wie ich meiner Mutter abends zum Einschlafen vorgelesen hatte. Hier im Heim lasen die Betreuer den Kindern vor, das war neu für mich, und ich lehnte es ab. Ich lehnte es auch ab, den Menschen um mich herum zu vertrauen. Meine Mutter hatte mich immer wieder eindringlich gemahnt, nicht so viel zu erzählen, damit uns niemand etwas anhängen konnte. Das verstand ich zwar nicht, aber ich blieb dennoch lieber für mich, las im Stillen in meinen Büchern und verbrachte auch die kommenden Abende allein an meinem Schreibtisch.

In meinen Meerschweinchen sah ich Superhelden, die mir eine Menge Mut und Kraft schenkten. Ihnen konnte ich vertrauen, und sie hörten mir immer zu. Abends nahm ich mir die Zeit, weiter an meinen Geschichten über die »Killerschweine« zu schreiben. Die Killer-

schweine waren Spione und Agenten, wie die unsichtbaren Gestalten meiner Mutter. Aber die Killerschweine
handelten nur im Guten, auch wenn ich sie manchmal
furchteinflößend zeichnete. Sie hatten rote Augen, und
an ihren Waffen klebte Blut – an großen langen Messern
mit vielen scharfen Zacken, an Pistolen und Gewehren.
Meistens lebten sie in den Bergen und in Dörfern, die in
Gefahr schwebten, dass ein Vulkanausbruch oder eine
Überflutung sie vernichtete. Das waren die Ängste meiner Mutter, die inzwischen auch meine eigenen waren, da
ich sie von ihr übernommen hatte. Um uns vor Überflu-
tungen zu schützen, hatten wir uns ein Hochbett gekauft.
Das hatte jedoch nicht lange überlebt, weil die Stimmen
meine Mutter überzeugt hatten, dass Kakerlaken darin
wohnten. Allein in meinem Zimmer im Heim dachte ich
daran, welche Sicherheitsvorkehrungen ich in Erwägung
ziehen könnte, um meine Mutter und mich vor weiteren
Naturkatastrophen zu schützen.

Als ich noch in Blockdiek wohnte, schliefen wir
manchmal im Flur und schlossen alle Türen, damit die
Wölfe uns nicht fanden.

Für mich waren Wölfe große schwarze Hunde mit
zerzausten Haaren und vielen spitzen Zähnen, die einen
zerfleischen konnten. Ich glaubte, dass Wölfe nur nachts
aktiv waren, denn im Fernsehen heulten sie immer den
Mond an. Irgendwie fand ich Wölfe cool. Sie waren starke Tiere, die sich selbst schützen konnten und gleichzeitig gefährlich waren. Das fand ich beeindruckend. Ich
wollte auch ein Wolf sein. Ich wollte stark sein und mich
zur Wehr setzen können. Ich wollte auch, dass ich nur

mit den Zähnen fletschen müsste, damit meine Mutter und ich in Ruhe gelassen würden. Zugleich waren Wölfe aber auch arg furchteinflößend. Ich wollte lieber keinen großen hungrigen Wolf begegnen. Der hätte mich ganz einfach verspeisen können, so klein, wie ich war. Und meiner Mutter hätte der böse Wolf auch etwas antun können.

Ich war mir sicher, dass ich diejenige war, die uns beschützen musste. Obwohl ich klein war, fühlte ich mich stark, denn schließlich ging es um meine Mutter, und keiner durfte ihr etwas Schlimmes antun!

In Blockdiek legte ich Attrappen von uns beiden ins Wohnzimmer. Dafür nahm ich zwei Knäuel von der Wolle, mit der meine Mutter strickte und die eine ähnliche Farbe hatte wie ihr Haar. Beide Knäuel legte ich so unter die Decke, dass es aussah, als lägen wir darunter, so als wären es unsere Köpfe. Das würde die Wölfe garantiert auf eine falsche Fährte locken. Meine Mutter sagte darauf: »Wölfe kommen nur in Rudeln, und es ist die Nacht des Vollmonds.«

Ob sie jetzt, wo ich im Heim war, Angst vor Wölfen hatte? Wer beschützte sie, wenn ich es nicht tun konnte?

Anfangs war ich noch völlig gefangen in den Geschichten meiner Mutter. Ich begriff nicht, dass jemand auf mich aufpassen sollte und nicht ich auf meine Mutter. Dass ich keine Krimis mitten in der Nacht gucken durfte, dass mir vorgelesen wurde und nicht andersherum, dass es nicht normal war, wenn die eigene Mutter mit Gestalten sprach, die nur sie sehen konnte. Mit einem

Mal fühlte sich jeder Tag so viel leichter an. Als hätte ich immer einen Rucksack mit dicken schweren Steinen herumgetragen, die mir richtig dolle Rückenschmerzen beschert hatten. Die Steine waren jetzt weg, doch den Rucksack hatte ich immer noch auf, weil die Ängste und Sorgen um meine Mutter nie ganz verschwanden. Sie wurden bloß erträglicher, als ich ins Heim kam.

Und auch sonst war vieles neu für mich.

Abendbrot mit Brot. Das kannte ich gar nicht. Zu Hause bei meiner Mutter gab es abends Schokolade, Pizza oder auch Zuckerbrot. Generell kannte ich keine festen Essenszeiten. Das Brot aßen wir im Heim mit Messer und Gabel. Ziemlich schwierig fand ich das am Anfang, aber nach einiger Zeit gewöhnte ich mich immer mehr daran, und zwar so sehr, dass ich gar nicht mehr anders konnte, als mein Brot mit Messer und Gabel zu essen. Wenn ich bei Freunden aus der neuen Schule zu Abend aß, wurde ich dafür von den Eltern bestaunt.

Außerdem gab es regelmäßige Duschzeiten, die ich bei meiner Mutter ebenfalls nicht kannte. Jeden Morgen, jeden Mittag und jeden Abend wurden die Haare gekämmt. Das Essen war ausgewogen, alles wurde selbst gekocht. Im Heim gab es am Wochenende nur dann Fertigprodukte, wenn wir Kinder uns schlecht benommen hatten. Sonst wurde immer alles von unserer Hauswirtschafterin frisch zubereitet. Jeden Tag gab es zum Essen Salat und Nachtisch. Auch der Nachtisch war meistens selbst gemacht und schmeckte total lecker. Bei meiner Mutter gab es nie so tolles Essen. Immer nur den öden Multivitaminsaft und nie eine richtige Mahlzeit.

Hier im Heim konnte ich zwischen Apfel-, Trauben-, Erdbeer-, Bananen-, Kirschsaft und Wasser mit oder ohne Sprudel wählen.

Einige Tage nach meiner Ankunft im Heim gingen wir neue Klamotten für mich kaufen. Meine Betreuerin suchte mir einen echt tollen Schlafanzug aus, aus blauem Samt mit Teddybären drauf. Den habe ich sogar heute noch.

Wenn ich in den Spiegel schaute, dann sah ich innerlich, unter der neuen Fassade, noch das ungeduschte Mädchen mit zerzaustem Haar – dürr und unterernährt. Aber mir ging es gut im Heim. Ich weinte nur noch abends, wenn keiner es mitbekam.

Das Haus war riesig, doch es war schön dekoriert, sehr ordentlich und sauber. Und ich musste mir das Bett nicht mit meiner Mutter teilen. Zu Hause schliefen wir meist in einem Bett, weil ein zweites zu teuer gewesen wäre. Besser gesagt: Auf Dauer war es zu teuer, immer ein neues Bett zu kaufen, weil meine Mutter ja ständig der Meinung war, dass unsere Möbel von Kakerlaken befallen waren und entsorgt werden mussten. Deshalb schliefen wir irgendwann nur noch auf einer Matratze auf dem Boden.

Und noch etwas Gutes hatte mein Zimmer im Heim: Das Bad lag direkt daneben. Das war eine Erleichterung für mich. Nachts musste ich immer gemeinsam mit meiner Mutter zur Toilette gehen, weil ich Angst hatte, allein im Dunkeln den Flur entlangzulaufen. Außerdem hatten wir eine Strippe, an der man ziehen musste, um zu spülen. Das war so laut, dass ich Angst bekam. Zum Glück war die Spülung im Heim leise. Sobald es zu laut wurde, hatte ich nämlich immer das Gefühl, dass ich nichts mehr unter Kontrolle hatte. Wovon genau ich mich fürchtete, konnte ich nicht in Worte fassen. Es hatte mit den fiesen Gestalten meiner Mutter zu tun. Nie war ich ihnen begegnet. Wenn, dann sah ich sie nur in meinen Träumen, und dort machten sie mir richtig Angst.

Sie stehen im Flur, in der Dunkelheit. Das Mondlicht scheint durch das Küchenfenster in den Flur herein. Sie rufen meinen Namen. Sie sind ein paar Jahre älter als ich. Ein älterer Junge, der schwarze kurze Haare hat und mich anlächelt, während er lang gezogen meinen Namen ruft. Sie wollen, dass ich ihnen ganz allein in die Küche folge, um sich dann von hinten auf mich zu stürzen. Wenn ich ihnen den Rücken zuwende, bin ich schwach und kann gestürzt werden. Ich gehe einen Schritt auf ihn zu und bleibe stehen. Ich habe ein komisches Gefühl dabei. Ich mache wieder einen Schritt zurück und nehme Anlauf. Dann renne ich auf ihn zu. Ich renne, so schnell ich kann. Ich renne aus Angst. Weil ich wissen will, ob er real ist oder nicht, renne ich durch ihn hindurch. Kurz bevor ich die Haustür erreiche, wache ich auf.

Blicke ich jetzt zurück auf die allerersten Tage im Heim, spüre ich, wie meine Welt komplett auf den Kopf gestellt wurde. Mir wurden ein völlig neues Denken und zwischenmenschliche Kommunikation abverlangt. Viel über Gefühle, das Zusammenleben und die Interaktion mit anderen Menschen hatte ich mit meiner Mutter nicht kennengelernt und auch nicht beigebracht bekommen.

Mit ihrem Magier war alles verdreht, ambivalent, einseitig und unverständlich.

Meine Realität war hauptsächlich die meiner Mutter gewesen. Jetzt lernte ich eine neue Realität kennen: die echte. In der Kinder Kinder sein durften und Erwachsene sich wie Erwachsene verhielten. Das Aufeinandertreffen meiner alten, wahnhaften Realität und der neuen im Heim war wie ein Kulturschock für mich.

Auch wenn es wehtat, von meiner Mutter und so vielem, das mir vertraut war, getrennt zu sein, war es doch nur eine Frage der Zeit, bis ich mich im Heim einlebte.

5

Mein Magen, ergriffen von Hexerei

Im Heim waren wir zehn Kinder. Ich war die Jüngste, die anderen Kinder waren zwischen zehn und siebzehn Jahre alt. Sabine und ich waren die einzigen Mädchen, Britta wohnte ja nicht im Heim. Mit Jungs hatte ich mich schon im Hort super verstanden, dort war ich nämlich mit Maria auch das einzige Mädchen gewesen. Dennoch war ich zurückhaltend und ließ alles auf mich zukommen. Anfangs bewegte ich mich nicht weit aus meinem Zimmer, da ich immer noch Angst hatte, mich zu verlaufen. Es gab einen Keller, eine zweite Etage und viele verwinkelte und verzweigte Gänge, außerdem einen riesigen Garten mit einem Fußballtor, einer Schaukel und einem Pool. Die Turnhalle im Innenbereich hatte Herr Strickler, unser Tischlermeister und Betreuer, selbst gebaut. Unter dem Hallenboden befand sich ein Innenpool, der oft genutzt worden war, bevor die Heimleitung gewechselt hatte. Das Haus und fast alle Möbel hatte Herr Strickler selbst gebaut.

Als Betreuer wurde mir Herr Flip zugeteilt, der einen makabren Humor und eine außergewöhnliche Ausdrucksweise hatte. Er hörte gern mittelalterliche Musik und ging auf Mittelalterfeste. Auf eines nahm er mich später sogar einmal mit; ich trug ein Nonnenkostüm, das er selbst genäht hatte. Ich verstand mich auf Anhieb mit ihm. Es fühlte sich manchmal eher so an, als wären wir befreundet, weil er viel von dem begriff, was mich in meinem Alltag beschäftigte, und mir diesbezüglich immer gute und hilfreiche Ratschläge geben konnte.

Natürlich war es mir wichtig, dass ich mit den anderen Kindern im Heim gut zurechtkam. Aber dafür musste man sich als Mädchen behaupten können oder unter Beweis stellen, dass man etwas draufhatte. Und das hatte ich: Ich konnte gut Fußball spielen – sogar besser als mancher Junge. Zuerst hielt ich den Ball ein paarmal hoch. Die Jungs staunten und wollten gleich mit mir auf das richtige Fußballfeld gehen. Auch dort konnte ich zeigen, was ich konnte, und so erlangte ich den Respekt der anderen Jungen im Heim und gewann schnell ein paar neue Kumpel. Tobi war einer der Jungs, mit denen ich mich gut verstand. Er war ein Jahr älter und ging in meine Parallelklasse.

Die meisten Kinder, die ins Heim kamen, mussten ein Schuljahr wiederholen. Warum, wusste ich nicht. Das zweite Halbjahr war fast vorbei, und ich war froh, dass ich die dritte Klasse an meiner neuen Schule beenden durfte. Denn sonst wäre ich womöglich nicht auf Maren gestoßen, die nach Yasmin schon bald meine zweite beste Freundin werden sollte.

Bis die Schule für mich losging, durfte ich aber erst mal im Heim bleiben und mein neues Zuhause kennenlernen. Morgens schaute ich unserer Köchin und Putzfrau Sybille zu, wie sie das Essen für uns Kinder zubereitete. Dabei hörte sie immer Radio. Hin und wieder löcherte ich sie mit Fragen, merkte aber bald, dass ich sie damit beim Arbeiten störte, und zog mich zurück in mein Zimmer, wo ich weiter an meinen Superhelden-Geschichten über die Killerschweine schrieb.

Meine Meerschweinchen Melli und Tuna inspirierten mich dabei. Ihr Käfig stand neben meinem Schreibtisch. Steffi, mein liebstes Meerschweinchen, konnte nicht hier sein, da sie im vergangenen Jahr von uns gegangen war. Sie hatte ausgesehen wie ein Teddybär und war mein allererstes Meerschweinchen gewesen. Nach und nach waren die anderen dazugekommen, Melli, Tuna und Tugce, Charly, John, Tacker und Flocki. Ich hatte sie teilweise nach Klassenkameraden benannt.

Meine Meerschweinchen waren alles für mich. Als ich noch bei meiner Mutter lebte, brachte ich ihnen das Schwimmen in der Badewanne bei, unterhielt mich stundenlang mit ihnen und schlief sogar in einem Bett mit ihnen. Vor dem Einschlafen hatte ich jedes Mal Angst, dass meine Mutter sie im Schlaf zerquetschen könnte. Morgens schaute ich immer als Erstes nach ihnen und war erleichtert, dass es ihnen gut ging.

In der zweiten Klasse wurde ich zum Micky-Maus-Schwimmen angemeldet, einem Wettbewerb, bei dem die besten Schwimmer aus den Grundschulen in Bremen gegeneinander antraten. Bevor ich losging, schaute ich noch einmal nach meinen Meerschweinchen. Da stellte ich fest, dass drei weitere winzige Meerschweinchen im Heu saßen und Steffi reglos und abseits von allen anderen in der Ecke lag. Ich erschrak und hatte Mitleid mit

Steffis Kindern. Das, was ihnen widerfahren war, konnte ich sehr gut nachvollziehen. Es war eine ähnliche Situation wie damals, als ich neben meinem toten Vater auf dem Boden lag.

Steffis Tod machte mich traurig. Auf der anderen Seite freute ich mich so sehr über ihre Neugeborenen, da ich nicht geahnt hatte, dass sie trächtig gewesen war. Ich hatte geglaubt, dass sie zugenommen hatte. Umso größer war die Überraschung. Jetzt war es meine oberste Pflicht, mich um Steffis Kinder zu kümmern und sie großzuziehen. Ich hob die drei aus dem Käfig und setzte sie in einen alten Schuhkarton. Die Beerdigung schaffte ich nicht mehr vor dem Micky-Maus-Schwimmen. Beim Wettbewerb konnte ich kaum an etwas anderes denken als an Steffi und ihre Kinder. Jetzt schmückte ein Foto von ihr die Titelseite meines Buches *Die Killerschweine*.

Im Heim schlief ich nicht mehr in einem Bett mit den Meerschweinchen. »So etwas machen wir hier nicht«, sagte der Heimleiter mit gereizter Stimme.

Seine aggressive Art, mir etwas mitzuteilen, verwirrte mich anfangs sehr. Ich kannte das gar nicht. Meine Mutter war immer so lieb zu mir und wurde nie laut. Den Magier schrie sie manchmal an, wie auch die anderen Gestalten, aber niemals mich. Auch sprach sie nie in einem aggressiven oder gereizten Unterton mit mir.

Wenn der Heimleiter anfing zu brüllen, und das kam täglich vor, dann hörte man ihn im ganzen Haus. Einmal schrie er mich an, weil ich es nicht geschafft hatte, meinen Eintopf aufzuessen. Ich sah es ja ein, dass man schon als Kind lernen sollte, sparsam mit dem Essen umzugehen und die Portionen einzuschätzen. Ich mochte es schließlich auch nicht, Essen wegzuschmeißen. Das gab es bei uns zu Hause nicht. Unser Kühlschrank war sowieso nie voll, da meine Mutter einerseits nicht gut im Wirtschaften war und andererseits viel, oft und lange schlief, sodass sie nicht zum Einkaufen kam. Aber was den Eintopf anging, konnte ich nichts dafür, dass mein Bauch streikte. Ich hatte mir das Essen nicht selbst aufgetan, unsere Hauswirtschafterin hatte das gemacht. Aber ich zog es vor zu schweigen. Man konnte nie richtig zu dem Heimleiter durchdringen, und Fehler gestand er sowieso nicht ein. Also saß ich den halben Nachmittag am Tisch und quälte den Eintopf in mich rein, bis er endlich aufgegessen war.

Um die Weihnachtszeit herum bot uns der Tischlermeister Herr Strickler an, mit ihm Räuchermännchen für unsere Eltern zu basteln. Ich wählte für meine Mutter die Gestalt eines Engels, weil mir Michael, ihr Magier, nicht zuverlässig erschien. Der Engel sollte ihr die Ängste nehmen und die bösen Gestalten aus ihrer Wohnung ausräuchern. Auch wenn ich wusste, dass es nicht funktionieren würde, hielt ich an dem Wunsch fest und gab mein Bestes, den Engel schön zu gestalten.

Ich sah meine Mutter am ersten Weihnachtstag, um ihr mein Geschenk zu überreichen und mit ihr gemeinsam zu essen. Alles fühlte sich so heimisch an. Das zerschnittene Sofa mit den Brandflecken, der alte schwarze Röhrenfernseher, der durchgängig lief, und die Gespräche meiner Mutter mit ihrem Magier, wie eine Art Hintergrundrauschen. Alles war beim Alten, gerade so, als wäre die Zeit stehen geblieben. Nur die Meerschweinchen waren inzwischen an einer Infektion gestorben, so wie auch Tuna und Melli im Heim.

Irgendwann warf meine Mutter den Engel in den Müll, wie auch die ganzen selbst gemalten Bilder aus der Kunsttherapie, mit denen ich mir so viel Mühe gegeben hatte.

Ich war gerade mal zehn Jahre alt, aber so verletzt, dass ich für mehrere Monate den Kontakt zu meiner Mutter abbrach. Auch die Stimme in mir, die immer wieder sagte: »Das war nicht sie, das war ihre Krankheit«, drang nicht zu mir durch. An dem Tag hatte ich entschieden, ihr nie wieder ein Geschenk zu Weihnachten, zum Geburtstag oder zum Muttertag zu machen, um nicht wieder so tief verletzt zu werden. Und das hielt ich auch bis zu meinem zwanzigsten Lebensjahr durch.

Im Kinderheim hatte ich erstmals nach dem Tod meines Vaters die Gelegenheit, nicht inmitten der Ängste meiner Mutter zu leben. Immer mehr sah ich den Unterschied zwischen dem, was sie mir erzählte, und dem, was wirklich um mich herum passierte. Ich fand zu mir, zu meiner eigenen Realität.

Meine Mutter nahm die Trennung von mir ziemlich mit. Anfangs durften wir nicht kommunizieren, und auch später brauchte ich hin und wieder eine Pause von ihr, dann spürte ich das. Ich hatte stets das Gefühl, dass ein unsichtbares Band uns miteinander verknüpft – und das ist noch heute so. Ich spüre aus weiter Entfernung, wenn es ihr nicht gut geht.

So war es auch 2008, als ich noch zehn Jahre alt war.

Eines Abends konnte ich sie nicht erreichen. Es war untypisch für meine Mutter, nicht ans Telefon zu gehen. Auch war es untypisch, dass ihr Telefon ausgestellt war. Ich war beunruhigt und wandte mich an meine Betreuer. Allerdings nahmen sie mich nicht ernst – bis ich sagte, dass meine Mutter tot sein könnte. Nun mussten sie handeln, auch um mich zu beruhigen.

Ich stand im Pyjama vor dem Büro, und wir versuchten gemeinsam, meine Mutter zu erreichen. Mir kam die Idee, den Nachbarn, Herrn Weinberg, zu kontaktieren, der direkt neben meiner Mutter wohnte. Ich hatte mir seine Nummer für solche Notfälle aufgeschrieben, bevor ich ins Heim gebracht worden war. Wir riefen ihn an, und er klingelte bei ihr, aber er konnte sie nicht an die Tür holen. Er hörte auch keine Geräusche in der Wohnung. Das beunruhigte meine Betreuer. Wir entschieden, die Polizei zu rufen. Mir war klar, dass ich die Nacht über nicht hätte schlafen können, wenn wir nichts unternommen hätten. Aber was wäre, wenn die Polizei schlechte Nachrichten für mich hätte?

Unwillkürlich dachte ich an den Tod meines Vaters. Seitdem sagte ich mir immer wieder, dass ich vorbereitet sein müsse.

»Wenn es ihn treffen konnte, dann auch sie«, flüsterte ich und versuchte mich damit paradoxerweise zu beruhigen.

In den folgenden Minuten erlebte ich den ganzen Polizeieinsatz vor der Tür mit, da Herr Weinberg mit uns telefonierte und meine Betreuer das Telefon auf laut gestellt hatten. Mein Puls schlug höher. Ich hörte ein lautes Bollern an der Wohnungstür meiner Mutter und eine tiefe Stimme, die zu ihr sprach.

Dann wurde die Tür geöffnet, und die Stimme meiner Mutter erklang, ganz piepsig und leise. So redete sie immer, wenn sie sich hilflos fühlte, verängstigt war oder Mitleid von mir erheischen wollte. Ich war einerseits erleichtert, ihre Stimme zu hören, andererseits machte ich mir Sorgen, dass ich ihren Zustand beim nächsten Mal nicht gleich bemerken und rechtzeitig einschreiten würde.

Meine Mutter war völlig verängstigt. Sie dachte, man wolle sie ermorden. Sie hatte keinen Besuch erwartet. Vor allem nicht so spätabends. Sie hatte sich bemüht, ganz leise zu sein, damit das Klopfen an ihrer Wohnungstür bald aufhörte. Ihr Telefonkabel hatte sie schon vor einigen Tagen rausgerissen, daher hatte ich sie nicht erreichen können. All das erzählte sie mir einen Tag nach dem Vorfall am dann wieder reparierten Telefon. Sie hatte gedacht, jemand sei ihr nach dem Einkaufen gefolgt, bis vor die Tür und ans Fenster. Sie hatte sich schützen wollen vor den »Perversen«, die es auf sie abgesehen hatten. Aus Angst hatte sie sich im Flur eine kleine Festung aus Decken und Kissen zum Schutz gebaut, die durch Stühle zusammengehalten wurden. So, wie wir es gemacht hatten, als die Wölfe uns gejagt hatten oder als ich geglaubt hatte, dass uns die nächste Naturkatastrophe einholen würde. Sie verriet mir außerdem, dass sie einige Tage lang nichts gegessen habe.

Ich erzählte den Betreuern davon, da ich inzwischen wusste, dass sie mehr für sie tun konnten als ich. Im Heim war mir nämlich klar geworden, dass ein Kind weniger ausrichten kann als ein Erwachsener. In den vergangenen Monaten hatte ich mitbekommen, wie normale Erwachsene waren, und zwar anders als meine Mutter. Viel vernünftiger. Die Betreuer im Heim konnten sich alle selbst versorgen und uns mit dazu. Das konnte meine Mutter nie. Auch konnte ich jetzt nicht in ihrer Nähe sein. Daher war ich nicht in der Lage, sie richtig zu beschützen.

Meine Mutter kam in die Psychiatrie, auf eine geschlossene Station. Ich dachte an weiße Flure und eine kühle Atmosphäre. An Menschen in Zwangsjacken mit zotteligen Haaren, die schrien und wütend waren. An Ärzte in weißen Kitteln und Krankenschwestern mit einer Beruhigungsspritze in der Hand.

Ich durfte meine Mutter anfangs nicht besuchen. Aber ich wusste, warum das alles passiert war: Seitdem ich nicht mehr bei ihr war, fühlte sie sich hilfloser und kränker. Sie nahm ihre Medikamente nicht mehr regelmäßig ein, erklärten mir die Betreuer.

Auch wenn es ungewohnt war, nicht mit meiner Mutter telefonieren zu können, während sie im Krankenhaus war, hatte ich weniger Sorgen, da ich wusste, dass sie auf der Station rund um die Uhr betreut wurde. Es war immer jemand da, falls etwas passierte. Das beruhigte mich.

Das Klinikum lag in der Nähe der Wohnung meiner

Mutter – meinem alten Zuhause in Blockdiek. Hier hatte ich auch ein paarmal meinen Vater besucht, der wegen seines Gehirntumors in Behandlung gewesen war. Da war ich noch ein Baby gewesen, aber meine Mutter hatte mir oft davon erzählt.

Nach zwei Wochen durfte ich sie besuchen. Allerdings durfte ich nicht mit auf die geschlossene Station, sondern traf sie in einem separaten Raum. Er hatte zwei Türen; durch die eine wurde meine Mutter hineingeführt, und durch die andere trat ich vom Flur aus hinein. In der Mitte des Raums stand ein hellbrauner Tisch mit vier Stühlen.

Ich hatte vorher mit meinen Betreuern Blumen gekauft, um sie meiner Mutter zu schenken. Auch hatte ich meinen Lieblingspullover angezogen, extra für meine Mutter. Einen hellbraun und weiß gestreiften Strickpullover, der am Kragen zwei große braune Knöpfe und einen seitlichen Ausschnitt hatte.

Meine Mutter freute sich sehr über die Blumen, aber noch mehr, mich zu sehen. Als sie lächelte, sah ich ihre Kronen und die fehlenden Zähne. Das sah so aus, als würde ein Baby lächeln.

Ich freute mich auch sehr, sie zu sehen. Meine Mutter trug einen rot-orangefarbenen, strahlenden Pullover, der ihr Lebensfreude verlieh. Ich war zuversichtlich, dass alles besser werden würde, und dachte mir, dass vielleicht genau dieses Warnsignal nötig gewesen war, damit die zuständigen Stellen erkannten, wie schlecht es ihr ging. Ich wusste aber nicht, ob meine Betreuer das genauso sahen.

Ich versuchte, den Moment mit meiner Mutter zu genießen. Wir redeten über alltägliche Dinge und nicht über all die bösen Gestalten aus der Welt meiner Mutter. Das war angenehm. Aber vielleicht sprachen wir auch nur deshalb nicht darüber, weil wir von einem kräftigen Mann beaufsichtigt wurden, dem Wärter. Zum Abschied machten wir noch ein Foto.

Auf dem Weg hinaus versuchte ich einen Blick auf die Station meiner Mutter zu erhaschen. Ich fragte mich, was für Menschen dort wohl untergebracht waren. Genau solche wie sie? Oder vielleicht welche, die gar nicht so harmlos waren, sondern eher wie in den Filmen, die ich nachts im Fernsehen geschaut hatte? Leute, die auf andere Patienten losgingen und gewaltsam zurückgehalten werden mussten? Die schrien und fluchten und in OP-Hemden durch die Flure irrten? Ich wollte nicht länger darüber nachgrübeln, da unser Treffen so schön gewesen war. Also bemühte ich mich, an etwas anderes zu denken.

Draußen fiel mir auf, dass ich das Gelände kannte. Ich war vorher so aufgeregt gewesen, dass ich mein Umfeld gar nicht richtig wahrgenommen hatte. Doch jetzt erinnerte ich mich, dass meine Mutter schon häufiger mit mir hier gewesen war, um ihre Depotspritzen zu bekommen. Das war in einem anderen Gebäude gewesen, aber auf demselben Gelände.

Wenn sie ihre Spritze bekam, war ich oft dabei und stand seitlich hinter dem Arzt, um seine Arbeit zu kontrollieren. Es gab mir die Sicherheit, eingreifen zu können, falls er meiner Mutter etwas antun wollte. Denn

Ärzte waren bei meiner Mutter nicht gerade beliebt, und deshalb konnte auch ich ihnen nicht völlig vertrauen.

»Viele Leute und Ärzte sind Mörder«, sagte sie oft zu mir.

Sie bezeichnete sie als Verbrecher, weil sie ihren Patienten die Organe stehlen wollten und durch Medikamente Macht über sie besaßen. Sie gaben Strychnin, Kaliumpermanganat oder K.-o.-Tropfen in die Spritzen und entführten Menschen. Ich wusste, dass ich mich nicht zurückhalten könnte, sollte ich bemerken, dass der Arzt, der meine Mutter behandelte, sich als Verbrecher entpuppte. Für den Notfall hatte ich geplant, ihm die Spritze aus der Hand zu reißen und ihm in den Rücken zu stechen. Auch fragte ich ihn, was genau in der Spritze sei, warum meine Mutter in die Seite am Oberschenkel gespritzt wurde und was genau das Medikament bewirkte. Ich bekam aber nie eine ehrliche Antwort.

Niemand redete offen mit mir.

Keiner konnte mir genau sagen, was los war.

Aber eines wusste ich sicher: dass ich meine Mutter beschützen musste, weil es sonst keiner tat.

In meinem neuen Zuhause hatte ich bis auf Sabine nur Jungs um mich, was ich ziemlich cool fand. So hatte ich immer jemanden zum Fußballspielen. Wenn ich mal einen Streit mit einem Jungen aus dem Heim hatte, bekam ich bloß ein paar fiese Worte ab. Alle respektierten, dass ich ein Mädchen war, und prügelten sich nur unter-

Das erste Foto in Deutschland nach dem Umzug aus der Türkei.

In unserer chaotischen Wohnung: Das Stirnband meines Vaters bedeutet mir viel und ich trug es noch Jahre später.

Vor dem Ausbruch der Erkrankung war meine Mutter (hier mit 21 Jahren) eine gepflegte und adrette junge Frau.

Bevor ich in den Kindergarten kam, sprach ich nur Türkisch. Die Arme meiner Mutter waren mein Zufluchtsort.

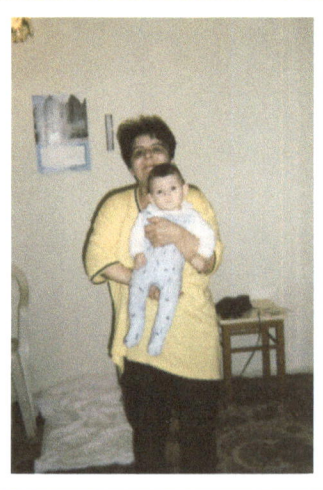

In der Türkei entstand das einzige gemeinsame Bild mit meinen Eltern und mir. Trotz aller Schwierigkeiten waren wir eine glückliche Familie.

Die Fürsorge meiner Mutter bleibt auch mit ihrer Erkrankung nicht aus.

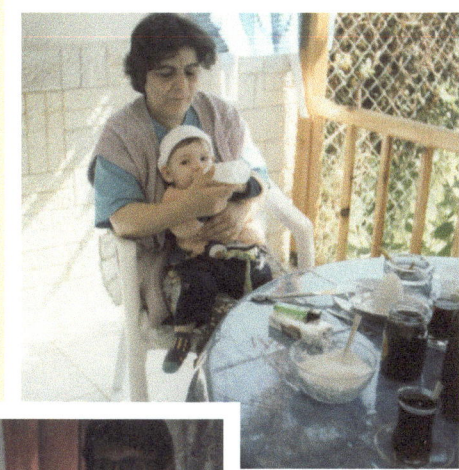

Eines der wenigen gemeinsamen Bilder mit meinem Vater Ibrahim, die mir erhalten blieben.

Zu meiner Einschulung bemalte ich ein T-Shirt, das ich auch noch Tage danach trug. Darauf abgebildet ist mein Lieblingsmeer-schweinchen Steffi.

In all dem Chaos hielt mich die Liebe meiner Mutter und gab mir Halt.

Das letzte Foto aus
dem Kindergarten.

Ich blicke gespannt
nach vorn und freue
mich auf mein aller
erstes Schuljahr.

In meiner zweiten Grundschule schloss ich tolle Freundschaften, die mir bis heute erhalten geblieben sind. Eine große Veränderung war das Einradfahren, das wir hier lernten.

Nach meiner Ankunft im Kinderheim 2007 schien zunächst alles viel einfacher. Ich bekam Abstand zu den Hirngespinsten meiner Mutter.

Ein Kater lief uns zu und begleitete mich in meiner Zeit als heranwachsende Frau.

Meine neue Freundin Britta war für mich wie eine Schwester.

Allmählich nähere ich mich meinem Realschulabschluss und nehme neue Ziele ins Visier.

Im Abitur war es dann für mich klar: Ich möchte studieren!

Das bin ich heute, eine junge, erwachsene Frau in den Endzügen ihres Studiums mit markanter Power-Mähne.

Meine Mutter lebt nun seit einigen Jahren im betreuten Wohnen. Mit ihrem gelben Pullover möchte sie mir eine Freude bereiten, da Gelb meine Lieblingsfarbe ist.

einander und nie mit mir.

In den Sommerferien ging es für uns Kinder in die Ferienfreizeit auf die holländische Insel Ameland. Die katholische Kirche, in die wir Kinder aus dem Heim an allen Feiertagen gingen, organisierte die Fahrt jedes zweite Jahr. Britta kam natürlich auch mit, da freute ich mich umso mehr. Insgesamt waren es sechzig Kinder, die nach Ameland fuhren, und so lernte ich viele neue Freunde kennen. Wir wurden nach Alter in Gruppen aufgeteilt. Ich war in der gelben Gruppe. Das fand ich klasse, weil Gelb meine Lieblingsfarbe war. Wir wohnten in einem riesigen Haus mit einem Hof in einem kleinen Ort namens Nes. Es gab ein großes Mädchenschlafzimmer und ein sehr großes Jungenschlafzimmer mit vielen Hochbetten. Ich bekam eines der unteren Betten, was ich gut fand, weil eines Nachts ein Mädchen aus ihrem Bett gefallen war und sich den Arm gebrochen hatte. Das Mädchen hatte oben im Hochbett geschlafen.

Während der Ferienfreizeit war ich ein ganz normales Mädchen, so wie alle anderen auch. Ich konnte komplett abschalten und musste nicht einen Moment daran denken, ob es meiner Mutter gut ging oder ob sie wieder von ihren Gestalten bedroht wurde. Es war so erleichternd, alle Sorgen für zwei Wochen beiseitezuschieben, die Zeit mit meinen Freunden zu genießen, gemeinsam durch die Dünen zu hüpfen und ins Meer zu springen.

An einem Tag machte die gelbe Gruppe eine Fahrradtour bis zum Leuchtturm. Das war eine ganz schöne Strecke. Am nächsten Tag hatte ich Muskelkater.

Alle Kinder saßen abends vor dem Zubettgehen in

einem Stuhlkreis. Dann sangen wir gemeinsam Kirchenlieder. Die Texte sind mir in Erinnerung geblieben, weil sie so viel Wärme und Güte vermittelten. Zeilen wie »Wenn die Not, die wir lindern, zur Freude wird« berührten mich besonders.

Am letzten Tag der Ferienfreizeit gab es eine Kinderdisco bei uns im Haus. Britta wurde von einem Jungen um einen Tanz gebeten. Ich beneidete sie darum. Ich hätte auch gern mit dem Jungen getanzt, der mir gefiel. Die zwei gaben ein total hübsches Pärchen ab, denn sie hatten beide orangefarbenes Haar und Sommersprossen.

Zurück im Heim freute ich mich schon auf die Schule, denn dort wartete meine Freundin Maren auf mich. Sie ist die coolste Person, die ich kenne. Gemeinsam hatten wir im Schwimmbad Seifenblasen gemacht, indem wir Shampoo auf unsere Lippen geschmiert hatten. Mit Maren nahm ich gar nicht so viel vom Unterricht wahr, weil wir uns gegenseitig ständig Witze und lustige Ideen erzählten. Es gab zwei Mädchencliquen, die sich ständig bekriegten. Uns fragte nie jemand, ob wir uns einer Clique anschließen wollten, weil wir so in unsere eigene Welt vertieft waren. Ich sagte immer zu Maren: »Die anderen sind eben eine große Gruppe von Außenseitern, und wir sind die einzigen It-Girls.«

In der Schule malten und zeichneten viele Kinder an einem Bild gemeinsam. Die Idee fanden Maren und ich gut, und so nahmen wir unser eigenes kleines Projekt in Angriff. Die Jungs zeichneten ständig Soldaten und Krieg. Wir dachten uns, dass es viel lustiger wäre, wenn alle Soldaten Nackedeis wären. Man kennt ja den Spruch: »Stell sie dir einfach alle nackt vor« – und das nahmen wir wortwörtlich. In Geschichte lernten wir die Städte kennen, die um unser kleines Dorf im Norden Deutschlands herum lagen. Auf einer Karte entdeckten Maren und ich den Jadebusen, und sofort war für uns klar: Unser Bild würde Busental heißen.

Maren und ich lachten immer so sehr miteinander, dass unsere Bäuche wehtaten. Das tat richtig gut! Vor allem, weil ich nicht so gern im Heim war, wenn mein Heimleiter sich dort aufhielt. Der schrie inzwischen so fies, dass ich mir die Ohren zuhalten musste. Dabei lief er knallrot an und wirkte auf mich noch viel, viel größer, als er sowieso schon war. Immer wenn er mich anschrie, war ich überzeugt, dass er mich gar nicht ausstehen konnte. Die Jungs nahmen mich manchmal in Schutz. Aber oft holte er mich ins Büro, verschloss die Tür und schrie dann herum, sodass keiner etwas dagegen tun konnte. Das fand ich richtig schlimm und hätte jedes Mal in Tränen ausbrechen können. Doch ich verkniff mir die Tränen, um mir nicht anmerken zu lassen, dass ich Angst vor ihm hatte und traurig war. Ich wollte ihm gegenüber so tun, als käme er nicht an mich heran mit seiner fiesen Art. In solchen Momenten vermisste ich mein Blockdiek ganz besonders.

Ein paar Monate nachdem meine Mutter in die Klinik gekommen war, erhielt ich einen Brief von ihr.

Mein liebes Kleines! Liebe Nilüfer!

*Du gabst Dir die Schuld daran, dass ich ins Krankenhaus
gekommen bin. Da fange ich jetzt an.*
Du hast daran natürlich zu 100 % keine Schuld.
Schuld haben daran:
der Rechtsanwalt
Herr Marc Mahrdorf
*und die Meerschweinchen, die wir schon viel vorher der
Meerschweinchenzüchterin hätten geben müssen.*

*Tut mir leid, dass ich Dich mit Deinem Kummer allein
gelassen habe, sodass Du jetzt zum Psychologen – sag nichts!
Ich weiß es genau! Es ist auch meinetwegen! – gehen musst.
Aber vielleicht hat es auch sein Gutes, dass Du früher, als ich
es geplant hatte für Dich, zum Psychologen gehen musst. Aber
sehr leid tut es mir, dass ich Dir bei Deinem Kummer nicht
helfen konnte.*
*Aber: Ich weiß auch nicht, wie es kam. Ich hatte plötzlich viele
Bekanntschaften im Krankenhaus, die mich meine Aufgaben
vergessen ließen. Ich habe das alles diese Woche erst gemerkt,
dass wir beide ausgenutzt wurden von diesen sogenannten
Bekanntschaften. Ich habe alle von mir weggejagt. Das sind
alles »Schweinkälber«. Ich werde in einigen Wochen mit denen
nur noch bedingt und mit vielen Grenzen für die zusammen
sein.*
*Ich dachte, Du hast keine Zeit für mich. Aber jetzt – von jetzt
an – werde ich Dir immer schreiben. Tut mir leid, dass ich
Dich so lange – vielleicht hast Du das gar nicht gemerkt –
vernachlässigt habe. Tut mir sehr leid. Ich hoffe, ich kann alles
wiedergutmachen.*
Alles Liebe,

Deine Mama
PS: Passe immer gut auf Dich auf!

Die Erkrankung meiner Mutter hatte mein Leben bisher ziemlich in Unordnung gehalten. Aber sie erlaubte mir auch, mich durch einige Dinge hindurchzumogeln. Zum Beispiel durch das Kopfrechnen. In der zweiten Klasse in Mathe sollte sich jeder einen Teil vom Einmaleins raussuchen und auswendig lernen. Ich entschied mich für das Achtereinmaleins. Natürlich wusste ich auch, was sechs mal sechs oder zwei mal zwei waren. Aber wenn die anderen Kinder mit Aufsagen an der Reihe waren, hörte ich nicht richtig zu, und so hatte ich am Ende nur das Achtereinmaleins gelernt. In den Mathearbeiten schrieb ich immer irgendwelche Zahlen hin, die mir in den Sinn kamen. Es funktionierte, und die Note am Ende war mir egal. Meine Mathematikhausaufgaben erledigte meine Mutter für mich.

Beim Lesen der Uhr war es ähnlich. In der ersten Klasse kam ein Extralehrer zu uns in den Unterricht, der uns die Uhr beibringen sollte. Er hatte für jedes Kind eine Spieluhr aus Pappe mitgebracht. Ich hatte überhaupt keine Ahnung, was ich damit anfangen sollte. Solch eine Uhr gab es bei uns zu Hause nicht. Also behauptete ich, dass mein Kopf ständig jucken würde und ich vielleicht Läuse hätte. Schnell wurde ich nach Hause geschickt, wo ich die ganze Woche bleiben durfte. Das Lesen der Uhr hatte ich somit übersprungen. Erst mit sechzehn lernte ich schließlich, wie man die analoge Uhr liest. Davor freundete ich mich mit der digitalen Uhrzeit an, die fand ich wesentlich einfacher. Als ich klein war, musste ich die Uhrzeit sowieso nicht wissen, denn meistens war ich mit einem älteren Kind unterwegs, das die Uhr schon lesen konnte.

Als ich mit sieben Jahren in den Hort kam, war ich gezwungen, meine Hausaufgaben dort zu machen, allerdings war ich stets zuverlässig und zuvorkommend zu den anderen und genoss daher das Vertrauen der Erzieher. In der Folge überließen sie mir die Verantwortung für meine Hausaufgaben selbst. Somit konnte ich auch hier mogeln. Jahre später merkte ich, dass ich deutliche Lücken hatte, besonders in Mathematik, und machte mich daran, den Stoff nachzuholen. Meine Mutter sagte immer, dass ich ein sehr kluges Mädchen sei und später einmal das Abitur schaffen würde – etwas, das ihr selbst nicht gelungen sei, da sie viel Mobbing erfahren habe und man sie hatte jagen wollen. Vielleicht hatte ihre Erkrankung damals schon angefangen, ich weiß es nicht. Ich verstand auch nicht, warum sie mich für derart klug hielt, nachdem ich es später nur auf die Realschule schaffte und dort eher durchschnittliche Leistungen erbrachte. Wenngleich ich mich jedes Mal wertvoll und groß fühlte, wenn sie so von mir sprach. Dann hatte ich das Gefühl, alles erreichen zu können. Und später, als ich das Abitur nachholte, trieb mich auch der Wunsch an, in ihre Fußstapfen zu treten und das zu Ende zu bringen, was sie nicht geschafft hatte. Immer schwang dabei das Bedürfnis mit, ihre Erkrankung später einmal zu studieren und ein Heilmittel dafür zu finden.

Neben den großen Gedanken und Vorstellungen, die mich im Zusammenhang mit ihrer Erkrankung umtrieben, fühlte ich mich doch immer wieder von ihr auf die Probe gestellt. Obwohl uns gut zwanzig Kilometer trennten, schaffte sie es, ständig in meinen Gedanken präsent zu sein. Zuweilen erreichten mich fast stündlich Anrufe von ihr und täglich Briefe. Manchmal öffnete ich die Briefe und manchmal nicht. Besonders schwer zu lesen fand ich Zeilen wie diese:

Liebe Nilüfer!
Wenn man ins Wasser pupst, kommt Wasser in den Darm.
Wenn man im Wasser pinkelt und im Wasser scheißt, kommt
Wasser in die Blase und/oder in den Darm. Dann, wenn
Wasser in den Darm gekommen ist, muss man zum Arzt und
Medikamente nehmen.

Alles in mir wehrte sich dagegen. Ich wollte mit meiner Mutter nicht über Fäkalien sprechen. Ich gab mir Mühe, nicht sauer zu werden, weil es oft totaler Nonsens war, den sie mir schrieb. Solange sie es nicht auf meine Freunde abgesehen hatte, las ich weiter und antwortete ihr hin und wieder. Einmal behauptete sie am Telefon, dass meine Freunde Urin trinken würden. Das reichte für mich schon, um den Hörer aufzulegen. Ich war angewidert und fühlte mich gleichzeitig durch ihre Worte verletzt.

Häufig schrieb sie mir Zeilen wie diese:

Erzähl bitte nichts Privates jedermann. Du weißt, ich habe viele Feinde.

Letzteres konnte ich gut nachvollziehen, weil meine Mutter so viele Gemeinheiten über andere Leute sagte und vermeintlich deren Gedanken las. Ich antwortete ihr nicht auf ihre Briefe, bis meine Gewissensbisse einsetzten und ich das Gefühl hatte, mich nicht richtig von ihr verabschiedet zu haben. Nach wie vor rechnete ich ständig mit ihrem Tod. Nicht ganz abwegig, wenn man berücksichtigte, dass sie krank war und dass ihre Krankheit sie oft daran hinderte, einen Arzt aufzusuchen – etwas, das sich bis heute nicht geändert hat. Außerdem rauchte sie viel und lief seit Jahren mit einer chronischen Bronchitis herum. Das jagte mir von klein auf Angst ein. Als wir noch zusammen in Blockdiek wohnten, ließ sie mich manchmal in der Wohnung allein, um einkaufen zu gehen. Ich hielt das aber nie aus, weil ich Angst hatte, dass sie nicht zurückkommen würde. Ich schaltete den Fernseher ein, um mich abzulenken, aber ich konnte einfach nicht stillsitzen, und so lief ich aus der Wohnung und versuchte intuitiv den Weg zu nehmen, den sie zum Einkaufen genommen haben könnte. Ich hatte jedes Mal recht, sie hatte genau den Weg genommen, den ich vermutet hatte. Ich sah sie in der Ferne mit ihren Einkaufstüten, lief, so schnell ich konnte, auf sie zu, wischte mir die Tränen aus dem Gesicht und fiel ihr in die Arme.

»Alles gut, mir ist nichts passiert, ich werde nicht sterben«, sagte sie dann zu mir und hielt mich fest. In solchen Momenten wusste sie genau, was in mir vor sich ging.

»Du hast einfach zu lange gebraucht«, erwiderte ich und weinte noch mehr. Ich wollte nicht allein zurückbleiben, und ich wollte auch nicht wieder obdachlos sein, davor fürchtete ich mich.

Natürlich hatte ich Verlustängste, aber ich konnte damals ja nicht ahnen, dass es eine Alternative für mich gäbe, wenn meine Mutter nicht mehr da wäre oder das Zusammenleben mit mir sie wegen ihrer Krankheit überfordern würde.

Meine kleinen Mogeleien mit den Hausaufgaben und dem Lesen der Uhr konnten nicht aufwiegen, dass meine Mutter mich oft stark vernachlässigte. Das betraf nicht nur die Ernährung, die Hygiene und das nächtliche Fernsehen. Nie kam sie zu meinen Klassenauftritten in der Grundschule. Das änderte sich auch nicht, als ich ins Heim zog. In der dritten und vierten Klasse ging ich mit meiner Freundin Maren in einen Kinderzirkus. Dort balancierte ich auf einer großen runden Kugel, durfte Fakir sein und Diabolo spielen. Alle Kinder, die an dem Kinderzirkus teilnahmen, arbeiteten auf eine Show hin, in der ich gemeinsam mit anderen einen aufwendigen Zaubertrick vorführen durfte. Ich stand dabei auf einer Kiste und hielt einen riesengroßen Vorhang. Er war so lang und breit, dass er die komplette Kiste verdeckte und auch die Person, die sich darin versteckte. Ein paarmal sollte ich den Vorhang dann so halten, dass das Mädchen in der Kiste den Vorhang übernehmen und ich ungesehen in die Kiste unter uns steigen konnte.

Ich war stolz, ein Teil des Zirkus zu sein. Die Welt faszinierte mich. Die ganzen Akrobaten und Tänzer – sie sahen spektakulär aus. Und die Zaubertricks fand ich auch sehr beeindruckend.

Das gesamte Heim war im Publikum versammelt, um meinen Auftritt zu sehen. Ich hatte auch meine Mutter eingeladen. Die erste Nummer war der Fakir, die durfte ich zusammen mit Maren machen. Wir zerschlugen gemeinsam Glasflaschen in einem Tuch und gingen anschließend barfuß über die Scherben. Danach liefen wir barfuß über ein Brett mit lauter Nägeln darauf. Ich schaute immer wieder ins Publikum und suchte nach bekannten Gesichtern. Vor allem nach einem Gesicht: dem meiner Mutter. Ich konnte sie auch bei den nächsten Darbietungen, bei denen ich auf der Bühne stand, nirgends sehen. Am Ende unserer Zirkusaufführung musste ich feststellen, dass sie gar nicht gekommen war.

Ich war mir sicher, dass sie es nicht einmal versucht hatte. Aber meine Betreuer meinten, dass sie dafür nichts könne und dass das nicht sie sei, sondern ihre Krankheit. Das war jedoch schwer zu begreifen für eine Zehnjährige – trotz allem, was ich im Schatten der Schizophrenie mit meiner Mutter bereits erlebt hatte.

6

Lässt das Denken nicht mehr frei

Das Schöne am Heim zerbrach schnell in all den Momenten, in denen der Heimleiter den Raum betrat. Wenn er allgemeine Fragen an uns Kinder richtete, fühlte sich niemand angesprochen. »Wie war die Schule?«, warf er in die Runde, und ich merkte, dass ich darauf irgendwie nicht antworten wollte. Nicht, weil ich einen doofen Tag gehabt hätte, sondern weil ich ihm nicht abkaufte, dass ihn das wirklich kümmerte. Denn er beschäftigte sich gar nicht richtig mit uns. Jedenfalls fühlte es sich so an, als interessierten wir ihn im Grunde gar nicht. Und das ging allen Kindern so. Ich spürte, dass selbst die Mitarbeiter ungern in seiner Nähe waren. Wir Kinder aber hatten regelrecht Angst vor ihm.

Er und meine Klassenlehrerin verstanden sich seltsamerweise richtig gut. Immer wieder nahm ich Ähnlichkeiten in den Verhaltensweisen der beiden wahr. Auch meine Lehrerin hatte häufig Wutausbrüche vor unserer Klasse. Als einer meiner Mitschüler einmal rumalberte, warf sie prompt einen Stuhl nach ihm und schickte ihn raus. Ein anderes Mal flog das Federmäppchen eines Klassenkameraden aus dem Fenster in den strömenden Regen. Natürlich musste er es reinholen und nicht sie.

Stets waren die anderen schuld, aber niemals die Lehrerin selbst. Genauso war es mit meinem Heimleiter. Ohne mit der Wimper zu zucken, tischte er den Betreuern die Lüge auf, dass er nie im Auto rauchen würde. Obwohl wir Kinder es bezeugen konnten, da wir oft genug dabei waren. Uns glaubte man aber nicht, bis zu dem Tag, an dem ein Brandloch im Autositz gefunden wurde. So fing auch der Adventskranz bei uns in der Klasse Feuer und ging schließlich in Flammen auf, ausgelöst durch die Nachlässigkeit unserer Klassenlehrerin.

Wenn wir ein Lied einstudierten, um uns bei ihr für unser Betragen zu entschuldigen, ging das eher nach hinten los, so wie auch die vielen Entschuldigungen gegenüber unserem Heimleiter, die uns Kinder nur noch mehr erniedrigten und ihn in seiner hohen Position bestärkten.

Einmal kauften meine Betreuerin und ich einen coolen neuen Military-Rucksack für die Schule.

»So einen assigen Rucksack dulde ich nicht in meiner Klasse!«, schrie meine Lehrerin durch den Raum. Nach einigen Minuten kam ein Mitschüler zu spät zum Unterricht, mit auffällig gegelten Haaren, die zu einem Iro geformt waren.

»Auch das, mein Lieber, ist ein assiges Erscheinungsbild, das ich in meiner Klasse nicht dulde«, keifte sie. »Du wäschst dir jetzt sofort das Gel aus den Haaren.«

Das waren Bloßstellungen vor der gesamten Klasse – in denen ich eine weitere Parallele zu meinem Heimleiter erkannte. Dieser nutzte auch gern solche persönlichen Herabsetzungen, um seine Macht unter Beweis zu stellen.

In der vierten Klasse war unsere Klassenlehrerin dann weg – auf Kur, hieß es. Meine Betreuer erzählten mir, dass sie psychisch krank sei und einen Burn-out habe. Das ergab Sinn. Was die Ursache für das Verhalten meines Heimleiters war, hatte ich jedoch noch nicht herausgefunden. Dafür kannte ich den Geruch und die Wirkung von Alkohol nicht genug, im Gegensatz zu anderen Kindern aus dem Heim, deren Eltern alkoholkrank waren.

Es sollte eine Weile dauern, bis ich begriff, dass der Heimleiter seine eigenen Probleme hatte und nicht wir Kinder schuld an seinem Verhalten waren. Da hatte ich längst angefangen zu glauben, dass er und auch alle anderen Betreuer etwas gegen mich hätten. Montags fand immer eine Dienstbesprechung unter den Betreuern statt, dort redeten sie über uns. Gutes und auch Schlechtes, erzählten mir die anderen Kinder. Ich war mir sicher, dass alle mit dem Heimleiter übereinstimmten, schließlich war er der Boss, und keiner der Betreuer sagte etwas, wenn er herumschrie und seine Launen an uns Kindern ausließ.

All das trug dazu bei, dass ich mich schwertat, das Heim als mein Zuhause anzunehmen. Noch konnte ich mich nicht abgrenzen und hatte ständig Angst, etwas falsch zu machen und den Zorn des Heimleiters heraufzubeschwören. Das war fatal, denn wie die anderen Kinder auch hatte ich sonst kein stabiles Zuhause und keine Bezugsperson, auf die ich mich verlassen konnte. Im Stillen fragte ich mich, ob er sich Britta gegenüber auch so verhielt und sie anschrie. Doch wenn ich die beiden beobachtete, hatte ich eher den Eindruck, dass er lieb und nett zu ihr war. Oft war ich kurz davor, ihr von meiner Angst vor ihm zu erzählen, doch irgendwie brachte ich es nicht fertig, da sie ja seine Tochter war.

Stattdessen verbrachte ich viel Zeit mit Maren. Angesichts unserer kunterbunten Fantasie und unserer lustigen Witze vergaß ich hin und wieder, dass ich mich im Heim nicht rundum wohl und geborgen fühlte.

Daneben gab es doch vieles, das mir guttat und mir half, ins Leben zu finden. Ich lernte, Ordnung zu halten. Das Miteinander zu schätzen. Das Bad zu putzen. Auf Nächstenliebe zu achten. Mit Messer und Gabel zu essen. Ich konnte Abstand von meiner Mutter nehmen, wenn ich es wollte. Ich konnte wieder einen Teil meiner Kindheit ausleben. Musste mir keine Gedanken machen, ob es etwas zu essen gab. Die gesunde und ausgewogene Ernährung tat mir gut, mein Körper erholte sich. Auch die Hausaufgabenbetreuung wurde konsequent durchgezogen. Es wurden all die Rahmenbedingungen geschaffen, innerhalb deren ein Kind optimal heranwachsen kann. Ich spielte Saxophon und Klavier, tanzte Breakdance, spielte Fußball und Volleyball, rappte, sang, schrieb Lieder und machte in der Theatergruppe mit. Das waren viele Aktivitäten, die andere Kinder nicht ausprobieren konnten, weil ihre Eltern nicht die Kapazitäten oder die finanziellen Mittel dazu hatten. Ich hatte immer frisch gewaschene Kleidung zum Anziehen, es wurde darauf geachtet, dass ich täglich duschte, meine Zähne gründlich putzte, und wir machten regelmäßig einen Spieleabend. Es war toll. Es war schön. Ich hatte verlässliche Betreuer an meiner Seite, von denen ich viel gelernt habe. Die mitten in der Nacht aufstanden, um mich bei Fieber oder einer Grippe zu versorgen. Die bei einem Notfall sogar von zu Hause kamen, um uns ins Krankenhaus zu fahren und für uns da zu sein.

Nur der cholerische Heimleiter, der kühle alte Mann, ließ mich das regelmäßig vergessen. Oft kritisierte er an mir, dass ich mich nicht öffnete, nicht redete, generell nichts von mir erzählte. Mir aber war fremd, dass das, was ich den Tag über machte, irgendwen interessierte – schließlich hatte es nicht mal meine eigene Mutter gekümmert. Als ich mein Goldabzeichen beim Schwimmen in der Schule absolvierte, erzählte ich es auch keinem. Das war und ist ziemlich traurig. Aber meine Freunde freuten sich mit mir, und das war auch schön. Nur war es eben nicht dasselbe.

Im Frühjahr 2009 passierte das, was ich mir schon seit Längerem erhofft hatte: Meine Mutter zog um. Endlich hatten meine Betreuer den Ernst der Lage erkannt und entsprechend gehandelt. Frau Thekla – Brittas Mutter, die mit ihrem Mann das Kinderheim leitete – hatte eine Unterkunft gefunden, in der meine Mutter fortan in einer Art betreutem Wohnen leben konnte. Unter der Woche war vormittags immer ein Betreuer da, der meiner Mutter und den anderen Bewohnern als Ansprechpartner diente. Auch wurde angeboten, gemeinsam mit dem

Betreuer Lebensmittel einzukaufen oder zum Arzt zu gehen. Somit wäre jemand da, falls meine Mutter erneut in ein Loch fallen würde wie im Jahr zuvor, als sie in die Psychiatrie eingewiesen wurde. Auch hoffte ich, dass sie sich durch die anderen Betroffenen, die dort wohnten, nicht mehr so allein fühlen würde.

Ich versuchte, mir dieses neue Zuhause meiner Mutter vorzustellen. Ehrlich gesagt musste ich an ein Altersheim denken, obwohl ich noch nie in einem gewesen war. Doch so alt war meine Mutter nun auch wieder nicht. Ich hoffte, dass sie dort vernünftig essen, sich regelmäßiger duschen und ihre Kleidung wechseln und vor allem auch waschen würde.

Als ich erfuhr, dass ich mir das neue Zuhause meiner Mutter gemeinsam mit ihr anschauen durfte, war ich aufgeregt. Ich fühlte mich wichtig und eingebunden in die Entscheidung. Vielleicht hatten die Betreuer endlich begriffen, dass ich auch gefragt werden sollte, wenn es um meine Mutter ging. Dass ich miteinbezogen werden musste. Als wir in Bremen-Oberneuland ankamen, war ich von der Natur begeistert, die meine Mutter in Blockdiek nicht um sich hatte. Dort war wegen der Hochhäuser und des Betons alles grau, trist und niederdrückend. Hier sah ich an der langen Einfahrt links Rhododendronblüten strahlen und auf der rechten Seite einen Garten, der bunt wie ein Park blühte. Auch das Haus war von innen schick und modern. Ich beneidete meine Mutter und freute mich für sie, dass so ein schönes neues Zuhause auf sie wartete. Die Küche war sehr groß und hell, es gab sogar eine Spülmaschine. Alles wirkte gepflegt. Im Wohnzimmer stand ein riesiges Bücherregal, und ich entdeckte eine Ecke, in die man sich zum Lesen zurückziehen konnte. Auf der Terrasse gab es Sitzmöglichkeiten, von denen man einen schönen Ausblick in den Garten genoss.

Wir gingen nach oben und sahen uns die freien Zimmer an. Zu dem Zeitpunkt wohnten nur zwei weitere Personen in dem Haus, weshalb sich meine Mutter ein Zimmer aussuchen konnte. Vier waren noch nicht bezogen. Ich unterstützte sie bei der Wahl, und wir entschieden uns für das Zimmer ganz links. Es war das größte von allen, hatte, wie die anderen auch, eine separate Toilette und verfügte sogar über einen Balkon, auf dem meine Mutter rauchen könnte. Eigentlich wusste ich schon, dass sie den Balkon nicht dafür nutzen würde, weil sie schon immer nur in der Wohnung geraucht hatte. Das hatte mich sehr gestört, weil ich den Rauch nicht vertrug.

Die Aussicht, dass meine Mutter angemessen betreut wurde, half mir fürs Erste, gelassener durchs Leben zu gehen.

Einige Wochen nachdem sie sich eingelebt hatte, kamen jedoch schon die ersten negativen Dinge auf, die sie an ihrem neuen Zuhause zu bemängeln hatte.

»Die sind hier alle verrückt und stehlen mir mein Geld«, sagte sie am Telefon. »Ich bleibe so lange im betreuten Wohnen, wie du willst. Ich werde hier allerdings ausgenutzt. Ich muss saubermachen. Manchmal quäle ich mich damit. Da kann ich doch auch eine eigene Wohnung haben.«

Das Telefonat verunsicherte mich. Ich konnte noch immer nicht zu hundert Prozent unterscheiden, was der Wahrheit entsprach und was meine Mutter sich wegen ihrer Krankheit nur einbildete.

Manchmal aber erreichten mich auch schöne Briefe, die mir wieder etwas Mut gaben.

Liebes Kindchen Nilüfer!

Heute will ich Dir nichts Schreckliches schreiben. Genieße mal schön Deine Ferienfreizeit.

Ich warte auf Post von Dir.

Ich weiß mir schon zu helfen mit Medikamenten, dass ich nicht so viel weine!

Ich war heute im Café Villa Wisch. Das war sehr schön dort, weil ich alte Bekanntinnen getroffen habe. Ich konnte allerdings heute nicht zur Post. Ich habe mir Papier ausgeliehen. Am Mittwoch gehe ich in Hohekamp zum Grillen. Ist alles umsonst. Und mittags schicke ich bei Lestra diesen Brief ab. Du fehlst mir zwar sehr, aber es ist mir auch wichtig, dass Du eine schöne Ferienfreizeit hast. Ich werde meine freie Zeit, bis Du wiederkommst, schon nutzen und versuche, andere Medikamente zu bekommen.

Ich unterhalte mich mit den Vögeln. Die sind so süß. Und mit Insekten. Die mühen sich so viel ab.

Ich rauche jetzt noch mehr Zigarillos als sonst, sodass ich regelrecht verzweifelt bin deswegen.

Schreibe mir bitte viel.

Alles Liebe,

Deine Mama

An anderen Tagen bekam ich Briefe, die mir Kummer machten. Mir Angst einjagten. Mich verwirrten und mich wütend machten.

Du, man darf in Geschäften nicht stehlen! Wenn die einen erwischen, schicken die einen auf den »Strich«. Dann töten die einen und verkaufen die Organe, verkaufen einen auch als Sklaven für Reiche und Millionäre und für Multimillionäre oder für Wohlhabende.

Ius sanguinis. Das heißt: das Recht des Blutes. Du bist auch mein Blut. Babys bekommen bei Schwangerschaften auch Blut von ihren Müttern wegen Blutzirkulationen. Du hast wahrscheinlich eine andere Blutgruppe als ich. Ich habe gehört, Du möchtest OP-Schwester werden? Erzähl bitte nicht jedermann davon! Viele Verbrecher vom Organhandel wollen dann, dass Du für die illegal arbeitest und operierst und auch tötest und auch Organe beschaffst. Manchmal entführen die einen auch dazu.

Bist Du gesund? Werde größer und breiter! So, für heute weiß ich nichts mehr zu schreiben. Ich sage Dir dann schöne Grüße! Alles Liebe,
Mama

Auch Zeilen wie die folgenden griffen mich persönlich an.

Du bist viel zu vertrauensselig. Du bist naiv. Du bringst Dich in Gefahren. Denke doch mal nach, wie die zu Dir waren. Die Menschen lügen viel, um Dich zu sich zu holen. Gehe nicht zu unserer Verwandtschaft. Die sind gefährlich. Die könnten

Dich – egal ob du aufpasst oder nicht – sogar ermorden. Bleibe
da bei denen nie lange! Pass gut auf Dich auf!
Halte Dich fern von denen!

Manchmal wusste ich angesichts solcher Briefe nicht, ob meine Mutter sich um mich sorgte, wütend war oder mich gar beleidigen und mit ihren Worten verletzen wollte.

Seit ich ins Kinderheim gekommen war, hatte ich nicht mehr bei meiner Mutter übernachten dürfen, weil wir nicht gemeinsam auf einer Matratze schlafen sollten. Meine Mutter musste für mich ein richtiges Bett vorweisen können, damit ich die Erlaubnis bekam. Weil sie ihr gesamtes Geld für Zigaretten ausgab, hatte sie sich das bisher nicht leisten können. Dann aber besorgte eine Betreuerin aus ihrem Haus eine Matratze für mich, sodass ich endlich wieder über Nacht bei ihr bleiben konnte.

Ich freute mich darauf. Bei meiner Mutter durfte ich so viel Cola trinken, wie ich wollte, bis tief in die Nacht fernsehen und vor allem Filme schauen, für die ich mit meinen mittlerweile zwölf Jahren eigentlich noch zu jung war. Ich beschloss, im Heim lieber nichts davon zu erzählen. Das letzte Mal hatte der Heimleiter meine Mutter deswegen angeschrien, sodass sie sehr geweint hatte. Ich hatte sie danach am Telefon trösten müssen. Dabei kam ich doch selbst nicht damit zurecht, dass mein Heimleiter so viel rumbrüllte.

Obwohl die Freude überwog, graute mir etwas davor, bei meiner Mutter zu übernachten. Ich kannte mich und wusste, wie ich reagierte, wenn ich auf engem Raum mit ihr zusammen war. Es frustrierte und verunsicherte mich, weil ich dann nicht vor ihren Halluzinationen flüchten konnte. Sie kannte keine Distanz. Wenn ich sie bat, mir fernzubleiben und mich eine Weile in Ruhe zu lassen, hielt sie sich zwar für ein paar Minuten daran, kam dann aber wieder zu mir und warnte mich vor allen möglichen schlimmen Dingen. Dabei ging sie immer sehr ins Detail, was für mich, je älter ich wurde, immer unerträglicher wurde, weil ich vor allem sexuelle Dinge nicht hören und mit ihr besprechen wollte. Das war immer ein unangenehmes Gefühl. Allerdings konnte ich im betreuten Heim meiner Mutter auch nach unten ins Wohnzimmer oder in den Garten gehen.

Der Gedanke an die Nacht machte mir trotzdem Angst. Und es war nicht nur die Erinnerung an ihre Wahnvorstellungen, die tiefe Ängste in mir ausgelöst hatten, wie die Wölfe, die Katastrophen, die bösen Gestalten, die uns ermorden wollten. Früher, wenn wir die Matratze geteilt hatten, hatte ich mir nichts dabei gedacht, wenn meine Mutter abends laut und schnell geatmet hatte. Manchmal hatte ich hingesehen und komische Bewegungen unter der Decke beobachtet. So ein Auf und Ab, mit einigen Pausen. Erst später wurde mir klar, dass sie in meinem Beisein masturbiert hatte. Als ich in die Pubertät kam, sprachen wir im Schulunterricht über Masturbation. Meine Mitschüler und ich waren neugierig und schauten uns auf dem Schulhof auf einem Handy einen Porno an. Darin machte eine Frau das Gleiche wie meine Mutter. Ich schämte mich innerlich so sehr, obwohl ich keinem davon erzählt habe. Diese Tatsache schockiert mich auch heute noch und lässt sich leider nicht aus meinen Erinnerungen löschen.

Hinzu kamen ihre Träume. Ich wusste, dass sie schwer und oft bedrückend waren. Im Alltag erlebte sie viele für sie furchteinflößende Dinge; in der Nacht schrie sie dann und drehte sich wie wild. Es war nicht leicht, neben ihr zu schlafen, aber auch daran war ich gewöhnt.

Wieder zu ihr zu ziehen wäre nicht realistisch gewesen. Anders als die anderen Kinder im Heim – jedes wollte zurück! – erkannte ich, nachdem ich mich im Heim eingewöhnt hatte, dass ich nicht wieder nach Hause konnte und auch nicht wollte. Obwohl ich viel lieber bei richtigen Eltern gelebt hätte – bei meinen Eltern, die gesund und lebendig wären –, war mir klar, dass ich meine gesamte Kindheit im Heim verbringen würde.

Mir fehlten die Umarmungen meiner Mutter und die Liebe, die sie mir damit gab. Mir fehlte es, dass ich gekrault wurde, bis ich einschlief, und sie nachts immer rufen konnte, wenn ich schlecht geträumt oder Angst hatte. Im Heim fühlte es sich so an, als würde mich keiner von den Erwachsenen so richtig mögen. Ich wollte nicht mehr von meinem Heimleiter angeschrien werden und wünschte mir, dass die Montage aufhörten, so schlimm zu sein. Wir Kinder wussten nie, ob wir etwas falsch gemacht hatten und dann in offener Runde am Mittagstisch dafür gedemütigt wurden. Es nervte! Doch ich hatte keine Wahl, für mich gab es kein Zurück.

Schließlich war der Tag gekommen, an dem ich bei meiner Mutter übernachten sollte. Alles war so neu im Haus und noch so ordentlich. Ich bewunderte vor allem das Badezimmer. Es war sehr modern und sogar mit einer Regendusche ausgestattet. Für die erste Nacht hatte ich mir Ohrstöpsel eingepackt, damit ich besser schlafen konnte. Im Heim hatte ich erzählt, dass meine Mutter immer so laut schnarchte. Was ja auch stimmte. Aber hätte ich das andere erzählt, dann hätte ich wahrscheinlich nicht bei ihr über Nacht bleiben dürfen. Doch obwohl es für mich schwer auszuhalten war mit ihr, wollte ich sie weiterhin sehen.

Der Abend bei meiner Mutter begann normal. Sie versuchte etwas Richtiges zu kochen, auch wenn das nicht gerade zu ihren Stärken gehörte. Es gab Reis mit Kartoffelpüree und Gemüse. Als Nachtisch hatte sie Wackelpudding gekauft. Ich verbrachte den Abend vor dem Fernseher, und meine Mutter schlich im Haus umher. Ab und zu kam sie herein, um nach mir zu sehen.

»Um Mitternacht werden die Vampire und Dämonen wach«, sagte sie mit weit aufgerissenen Augen und schloss wieder die Tür. Das hatte ich nicht vermisst. Sogleich war ich gereizt. Die bedrohlichen Worte meiner Mutter nervten mich einfach nur noch. Ich wusste, sie konnte nichts dafür. Aber ich wollte das alles gar nicht wissen. Als ich ihr sagte, dass ich das nicht hören wolle, war sie einverstanden – und erzählte mir wenige Minuten später doch wieder von lauter schrecklichen Dingen.

Die Übernachtung bei meiner Mutter war anstrengend, aber mit Ohropax aushaltbar. Trotzdem war ich am nächsten Tag froh, ins Heim zurückzukehren und wieder Abstand zu den Gespenstern meiner Mutter nehmen zu können.

Ich hatte nicht wirklich Angst vor dem, was sie an jenem Abend heraufbeschwor. Mittlerweile konnte ich ganz gut einordnen, dass es keine Vampire gab.

Früher hatten mich ihre Geschichten oft zur Weißglut gebracht. Zum einen war die Wut mein Schutz gewesen, um die Angst abzuwehren, die meine Mutter mir unwillkürlich einjagte. Zum anderen hatte sie trotz meiner Bitten und auch meiner Wutanfälle nicht damit aufhören können, Menschen in ihre negativen Geschichten einzubeziehen, an denen mir viel gelegen hatte, wie meine Freundin Yasmin und ihre Eltern. Oder meine Oma, weil sie angeblich böse sei und unser Geld stehle. Von den anderen Verwandten hatte ich ebenfalls nichts mehr gehört, seit ich klein war. Und obwohl meine Mutter meinen Onkel und meine Tante ihre Stiefgeschwister nannte, wusste ich genau, dass dem nicht so war und die beiden mit mir blutsverwandt waren.

Es macht mich heute noch traurig, aber mittlerweile kann ich etwas mehr Distanz dazu einnehmen, weil ich inzwischen einen Bezug zur Wirklichkeit habe. Als Kind aber lebte ich in zwei Realitäten. Einerseits in der meiner Mutter, mit den Stimmen des Spions in der Lampe, den Gestalten, die auf dem Balkon und um die Fenster schlichen, und den Personen, die, unsichtbar für mich, mit ihr im Wohnzimmer saßen und sich mit ihr unterhielten. Andererseits gab es die Welt im Kindergarten, in der Schule, bei Freunden oder auch bei Nachbarn. Die Erwachsenen wollten nicht, dass ich so viel von zu Hause erzählte. Sie sagten, das seien alles Lügen und Fantasiegeschichten, die ich da von mir gab. Für all das konnte ich aber nichts, denn ich kannte den Unterschied zwischen Realität und Wahnsinn vor meiner Zeit im Heim noch gar nicht. Damals war ich traurig deswegen, aber akzeptierte es, dass ich solche Sachen nun mal nicht erzählen durfte. Mit dieser Einstellung lebte ich dann, was sich im Nachhinein als falsch erwies.

Der Wahnsinn zu Hause bei meiner Mutter ließ auch mich hin und wieder Stimmen wahrnehmen, die mir Angst machten. In der Wohnung in Blockdiek hörte ich, wie jemand ganz leise und lang gezogen meinen Namen rief. Die Stimme kam aus dem Flur, vor dem ich im Dunkeln ohnehin Angst hatte. Ich stellte mich vor meine Mutter, nahm einen Stock, den ich vom Spielen draußen mit reingenommen hatte, und sagte laut: »Ich hab keine Angst vor dir!« Dabei wedelte ich mit dem Stock kämpferisch in die Richtung der Stimme, um meine Furchtlosigkeit zu demonstrieren. Die Stimme ertönte nicht wieder, aber die Erinnerung daran blieb in meinem Kopf. Ich glaube, dass ich dieses Erlebnis in meinen Träumen verarbeitet habe …

Ich gehe mit der Hortgruppe in den Keller unseres Hochhauses. Michi, der Erzieher, hat seinen Löwen dabei, der im echten Leben aber ein Hund ist. Der Löwe lenkt mich im Traum immer wieder ab, weshalb ich manchmal hinterherhinke und den anderen nicht schnell genug folgen kann.

Der Löwe geht als Letzter. Als ich mich wieder von ihm ablenken lasse und mich nicht sofort traue, durch die Tür vor mir zu treten, schließt sich diese vor meiner Nase, und es wird dunkel. Michi, der mit seiner Fackel den Keller erleuchtet hat, ist nicht mehr da. All die anderen Kinder aus der Hortgruppe sind auch nicht mehr da. Ich stehe wie angekettet im dunklen Raum und bewege mich kein Stück vorwärts. Oben auf der linken Seite sind Fenster, durch die ein wenig Mondlicht fällt. Plötzlich macht es laut »Klack«, und ich merke, dass sich nun auch die zweite Tür hinter meinem Rücken geschlossen hat. Ich stehe immer noch wie paralysiert mitten im Raum und kann mich nicht bewegen. Ich kneife die Augen zusammen. Kurze Zeit später höre ich diese Stimme, die meinen Namen ruft, erst leise und dann immer lauter.

Ich kann nicht sagen, aus welcher Richtung die Stimme zu mir dringt. Die Stimme kommt aber immer näher und wird lauter und lauter. Ich werfe mich auf den Boden, mache mich klein, halte mir die Ohren zu und kneife weiter fest die Augen zu. Dann wache ich auf.

Im Kopf ging ich immer wieder verschiedene Taktiken durch, wie mir das Überleben im Kinderheim am besten gelingen könnte. Ich stellte mir vor, wie es wäre, ruhig dazusitzen und es über mich ergehen zu lassen, wenn ich angeschrien wurde. Leiser zu sprechen, wenn mein Heimleiter lauter wurde, damit er vielleicht selbst nicht mehr so extrem herumbrüllte. Ich dachte darüber nach, wie ich die gemeinsamen Mahlzeiten am Essenstisch vermeiden konnte, um eine Konfrontation mit ihm zu umgehen. Den ersten Bus nach Hause zu verpassen war eine Möglichkeit. Vielleicht sollte ich noch mehr Hobbys wählen?

Ab der fünften Klasse trug ich mich neben meinem Fußballtraining für möglichst viele Arbeitsgemeinschaften in der Schule ein, auch wenn sie mich teils gar nicht interessierten. Dadurch hatte ich fast jeden Tag Nachmittagsunterricht und musste nicht mehr mit dem Heimleiter am Mittagstisch sitzen und essen. Das machte das Leben erträglicher.

Doch die Lage an den Montagen nach der Dienstbesprechung spitzte sich weiter zu. Es war eine Qual für mich, angeschrien und vor den anderen Kindern und den Betreuern für all das kritisiert zu werden, was ich angeblich falsch gemacht hatte. Inzwischen war ich mir sicher, dass der Heimleiter mich regelrecht hasste.

In der sechsten Klasse hielt ich es nicht mehr aus und betrank mich mit einem Mitschüler auf dem Schulgelände. Durch Alkohol würde man all seine Sinne verlieren, erzählten meine Freunde, die schon älter waren. Mit zwölf war ich auf einen achtzehnten Geburtstag eingeladen und hatte meinen ersten Rausch erlebt. Jetzt wollte ich nichts anderes, als den Heimleiter und all seine erniedrigenden Worte, das Geschrei, diese aggressive Art, sein Gesicht und seine Gestalt zu vergessen. Ein paar Jugendliche gaben mir ein weißes Pulver, das ich probieren sollte. Ich dachte mir nichts dabei. Aber danach war alles noch schlimmer. Ich war in einem Alkoholrausch, hyperaktiv und die ganze Nacht wach. Zur Ablenkung knutschte ich mit irgendwelchen Jungen rum, die schon in die zehnte Klasse gingen. Keine Ahnung, ob sie wussten, wie alt ich war.

Am nächsten Tag ging es mir gar nicht gut. Ich hatte Schweißausbrüche, mir war schlecht, und mein Kopf brummte. Ich merkte schnell, dass es keine dauerhafte Lösung war, sich zu betrinken. Auch wenn ich unter meinem Bett eine Flasche Jägermeister lagerte, für die wirklich schlimmen Momente, rührte ich diesen nie wieder an. Aber an dem Morgen danach fühlte es sich an, als hätte meine Pubertät begonnen. Ich benötigte erstmals ein Deo.

Von meiner Mutter konnte ich keinerlei Hilfe erwarten. Sie hatte genug mit ihren eigenen Dämonen zu kämpfen. Damit sie mir nicht mehr so viele Briefe schrieb, trug ich ihr auf, ein kleines Heft zu kaufen und all die Dinge hineinzuschreiben, die sie mir mitteilen wollte. Das Heft begann mit den Worten:

Meine liebste Nilüfer!
Mein größter Wunsch ist, dass Du – wenn bei Dir Neo-Nazis sind (die haben meistens schwarz gefärbte Haare, manche von denen sehen aus wie wir), mit Neo-Nazis nicht redest.
In Liebe, Mama

Ich hatte nie vor, mich mit Nazis oder Neonazis abzugeben. Und die hätte sicher auch kein Interesse gehabt, schon wegen meines offensichtlichen Migrationshintergrundes, wenn man sich nur einmal meinen Namen anschaute. Aber wenn es meiner Mutter wichtig war, das auszusprechen, dann war es okay. Einige Seiten später fand ich aufs Neue Informationen, die mich noch nicht wirklich betrafen.

Wenn die Tochter in Diskotheken geht, muss der Vater auch eine Eintrittskarte kaufen, die er nicht benutzt. Da wird seine Tochter nicht vergewaltigt in der jeweiligen Diskothek. Die Mutter muss den Freundinnen der Tochter Eintritt und Getränke bezahlen. In Diskotheken darf man keinen Kaffee und keine Cola trinken, weil da welche Voodoo und Rauschgift reintun, hauptsächlich Voodoo in Verbindung mit Rauschgift. Die tun es auch in Mezzo Mix. Mezzo Mix darf man auch nicht in Diskotheken trinken. Auch nicht in Cafés und Gaststätten.

Ich war noch nicht alt genug, um in Diskotheken zu gehen, und ehrlich gesagt interessierten mich Partys auch nicht. Ich spielte lieber Fußball, baute etwas aus Legosteinen oder verabredete mich mit Maren.

Meist übersprang ich die Zeilen, die mich nicht oder noch nicht betrafen oder mir zu grenzwertig schienen. Ich hatte mit der Zeit gelernt, nicht auf alles zu reagieren, was meine Mutter von sich gab.

Manchmal las ich ihre Briefe und Einträge, manchmal auch nicht. Es hing davon ab, ob ich mich dazu in der Lage fühlte. Die Grausamkeiten und Hirngespinste in ihren Briefen waren meist zu viel für mich, ebenso die

Beleidigungen, die sie gegen Menschen richtete, die ich liebte, die schlimmen Vorstellungen von Mord und Totschlag, die detailreiche Beschreibung von Vergewaltigungen und Zeilen über ihre Fäkalien oder grundsätzlich jedermanns Fäkalien. Sie riefen in mir Ängste, Ekel, Wut und Traurigkeit hervor. Das wurde mir zu viel, ich fühlte mich von all den Themen überfordert und konnte deshalb oft gar nichts dazu sagen.

Manchmal machte es mich traurig, dass meine Mutter so schlimme Halluzinationen und Ängste durchlebte. Ich konnte auch nicht einschätzen, inwieweit einige Vorkommnisse aus ihrem eigenen Leben stammten, aus einer Zeit, als sie vielleicht noch eine gesunde junge Frau gewesen war. Denn manchmal bezog sie schlimme Geschichten auf sich und behauptete, sie sei vergewaltigt worden und ich sei das Endprodukt dessen gewesen. Dann aber war es plötzlich meine Schwester, die sie Jahre vor mir abgetrieben hätte. Was immer sie von sich gab: Wenn ihr wirklich etwas in der Art geschehen wäre, hätte ich nicht gewusst, ob ich ihr überhaupt geglaubt hätte. Gut möglich, dass sie nur über ihre Psychosen sprach.

Als sie mir eines Tages mehrere herausgerissene Seiten aus einem Buch über die Heilkunde der Hildegard von Bingen schickte, war ich allerdings interessiert an dem Hintergrund und sah mir genauer an, was sie mir da zukommen ließ. Als ich die herausgerissenen Seiten aus dem Briefumschlag nahm, fiel Unkraut heraus und ein Zettel mit der Notiz: *Das sind Zaubernüsse. Für meine Tochter Nilüfer.* Ich faltete die Seiten auseinander. *PRIVAT.*

Nicht für andere. 2013, hatte meine Mutter mit Kugelschreiber in großen Buchstaben quer darübergeschrieben.

Ich legte das Unkraut zur Seite und las die herausgerissenen Seiten. »Hildegard von Bingen war die Rächerin derer, die als Hexen verbrannt worden waren«, hatte meine Mutter an den Rand geschrieben. Auf der nächsten Seite bei der Widmung hatte sie notiert: »Dieses Buch ist hauptsächlich als Grundlage für Salben zu nehmen! Aber die Salben hier drin sind größtenteils nicht richtig!« Ich war irritiert, da ich mich zu dem Zeitpunkt über Hildegard von Bingen noch nicht schlaugemacht hatte. Auf der nächsten Seite las ich: »Sind Lügen, einiges, was in diesem Buch steht wegen Hexen, die es gab und die man verbrannt hat und die Menschen, die deren Wissen hatten.« Jetzt war ich komplett verwirrt. Wer war diese Hildegard von Bingen, und warum war sie meiner Mutter so wichtig?

Wenn meine Mutter sich ein Thema in den Kopf gesetzt hatte, dann konnte es Jahre dauern, die sie sich damit beschäftigte – bis sie sich an ein anderes Thema klammerte. So wie das Kaliumpermanganat, mit dem ich in der sechsten Klasse im Chemieunterricht experimentiert hatte. Das hatte meine Mutter dermaßen aus der Fassung gebracht, dass sie mich sogar neun Jahre später noch darauf ansprach und mich ständig mit irgendwelchen Gefahrenhinweisen konfrontierte.

Im Internet las ich, dass Hildegard von Bingen eines natürlichen Todes gestorben sei, obwohl meine Mutter schrieb, sie sei verbrannt worden. Hexen wurden verbrannt, das wusste ich aus der Schule. In der vierten Klasse hatten wir uns nämlich eingehend mit dem Mittelalter beschäftigt und uns an Fasching wie echte Ritter und Prinzessinnen verkleidet. Ich war als Nonne gegangen. Vielleicht lag da die Verbindung zu dem Thema Hildegard von Bingen? Denn sie war ja eine Nonne gewesen.

Ich sah mir ihr Heft genauer an, um zu erfahren, ob meine Mutter noch mehr über Hildegard von Bingen notiert hatte, doch vergebens.

Iss Linsen nur Silvester und Neujahr! Da man davon abnimmt. Wenn man Hunger danach hat, machen das Mörder, die einen töten wollen. Linsen sind nur für dicke Leute.
Wenn man Scheiße z. B. von der Toilette mit dem Spüllappen gegessen hat und keine Stimme mehr hat, gibt es ein Penicillin. Das sind vier Tabletten. Eine Tablette reicht schon. Die anderen Tabletten kann man aufheben! Das ist Bakterien-Propylen-Penicillin. Ist ganz gut! Hilft auch gegen Verstopfung.

Als ich diesen Eintrag las, dachte ich nur, dass es wieder mal ein Tag gewesen sein musste, an dem sie entweder ihre Medikamente nicht eingenommen hatte oder die Gestalten wieder sehr präsent waren.

Solche Texte verärgerten mich, widerten mich überwiegend an. Aber das Schwierigste von allem war, ihr ihre Fehler zu verzeihen, auch wenn ich längst begriffen hatte, dass sie krank war. All die Male, da sie mir wehtat, indem sie Dinge, die mir wichtig waren, vergaß, sich entzog oder das, was ich mit Liebe für sie bastelte und malte, einfach wegwarf, weil sie meinte, da seien Hexerei und schwarze Magie im Spiel gewesen. Wobei: Wenn es nach meiner Mutter ging, war es unbedingt notwendig, Dinge wegzuwerfen. Bei ihr hieß es immer: »Wir müssen mehr Müll machen, damit wir Geld bekommen.«

Je älter ich wurde, desto mehr begehrte ich innerlich gegen das Verhalten des Heimleiters auf. Manchmal hatte ich den Eindruck, dass er an mir Rache nehmen wollte. Dann wieder glaubte ich, dass er einen Sündenbock brauchte, um seinen Zorn abzulassen.

Mein Ziel war es, das Abitur zu absolvieren. Ich interessierte mich nach wie vor für Medizin, also suchte ich eine Schule, die einen Schwerpunkt in Gesundheitswissenschaften hatte. Ich hatte keine Lust mehr auf die Leute aus meinem Umfeld, ich brauchte einen Neuanfang. Über die Fachhochschulreife und ein anschließendes Berufsoberschuljahr hätte ich das Abitur machen können.

Als ich sechzehn war, trafen wir uns wie immer nach der Zeugnisvergabe alle am Mittagstisch und besprachen unsere Zensuren des ersten Schulhalbjahrs. Bei einer Eins durfte man zwei Mal in den Süßigkeitentopf greifen, bei einer Zwei reduzierte es sich auf ein Mal. Auch das Sozial- und Arbeitsverhalten wurden dementsprechend belohnt.

Ich war aufgeregt, als mein Zeugnis an der Reihe war, da ich verkünden wollte, dass ich das Abitur anstrebte. Mein Zeugnis hätte zwar besser sein können, aber ich wusste, dass es nicht schlecht war und ich das nötige Potenzial hatte, den erweiterten Realschulabschluss zu erreichen. In Kunst, Sport und Deutsch hatte ich jeweils eine Eins, der Rest lag im Dreierbereich. In Mathe hatte ich mich stark verbessert und in diesem Jahr meine allererste Zwei geschrieben. *Wenn das so weitergeht, schaffe ich mit ganz viel Glück eine Zwei im Jahreszeugnis!*, dachte ich mir.

Mein Heimleiter aber war von meinen Zensuren nicht gerade begeistert. Er war der Ansicht, meine Leistungen würden nicht ausreichen, um das Abitur anzustreben, dafür müsste ich viel besser sein. Was genau bedeutete dieses »besser«? Bedeutete es, dass ich seinen Ansprüchen gerecht werden und weniger Erniedrigungen kassieren würde, wenn ich gut in der Schule wäre? Warum machte er mich so fertig? Ich war so motiviert gewesen, doch er gab mir das Gefühl, dass ich lieber das Handtuch werfen sollte, als es überhaupt zu probieren. »Du brauchst gar nicht erst ankommen mit irgendwelchen Schulen, auf die du gehen möchtest, bei den Noten«, beschied er.

Stille. Fassungslosigkeit. Nicht nur in mir. In allen anderen auch.

Ich verließ den Tisch und zog mich in mein Zimmer zurück. Meine Noten verschlechterten sich im Verlauf des zweiten Schulhalbjahres rapide. Irgendwann bemerkte dies auch mein Bezugsbetreuer Herr Strickler. Er versuchte einen letzten Funken Motivation in mir zu wecken, damit ich mein Ziel nicht aus den Augen verlor.

»Du bereust es, wenn du dich nur wegen seiner Worte hängen lässt. Er macht nicht mit dir die Hausaufgaben, er weiß gar nicht, was du alles kannst«, sagte er zu mir.

Das stimmte. In den kommenden Wochen versuchte ich mein Bestes. Aber bis ich die Kurve kriegte, war es fast schon zu spät. Mit Ach und Krach erlangte ich gerade so meinen erweiterten Realschulabschluss. Das hätte sehr viel einfacher laufen können, wenn ich mehr an mich selbst geglaubt hätte.

Ich hatte nicht das erste Mal das Gefühl gehabt, dass der Heimleiter es auf mich abgesehen hatte. Einige Betreuer bestätigten mir diesen Eindruck, doch sie stellten sich nicht offen gegen ihn. Schließlich war er ihr Vorgesetzter. Einmal sagte er ganz offen, dass ich sein Problem sei. Nur weil ich auf die Überraschungsfeier einer Freundin aus meiner Fußballmannschaft gehen wollte und das, eben weil es ja eine spontane Party war, nicht vorher mit ihm abgesprochen hatte …

Im selben Jahr hatte ich mich auf ein Stipendium beworben, um ein Auslandsjahr in der Türkei machen zu können und so die Sprache wieder zu lernen. Die war mir nämlich ganz schön verloren gegangen, als meine Mutter in der Kindergartenzeit aufgehört hatte, mit mir Türkisch zu sprechen. Kurz vor der Endphase der Bewerbung zerbrach dieser Wunsch. Ich hatte so darauf hingearbeitet, endlich von dem Heimleiter wegzukommen. Das Stipendium war meine Chance, Abstand von ihm zu gewinnen. Aber ich war zu schwach und hielt es nicht länger mit ihm aus. Ich wusste nur einen einzigen Ausweg. Ich sah nicht, dass andere an mich glaubten und mich liebten. Wie hätte ich das auch erkennen können, wenn nicht einmal ich selbst an mich glaubte?

Der Traum vom Auslandsjahr endete abrupt, als ich auf der Intensivstation mit dem Befund Intoxikation lag. Ich hatte in der Schule während einer Pause Amphetamine von einem Mädchen gekauft, das bekannt dafür war, Drogen zu nehmen.

Die Polizei wurde eingeschaltet und kam mehrmals unangekündigt zu uns ins Heim, da noch Fragen aufgekommen waren, die ich beantworten musste. Ich schwieg beharrlich darüber, was mich dazu bewogen hatte, Amphetamine zu nehmen. Ich erzählte auch keinem, dass ich gehofft hatte zu sterben. Paradoxerweise fürchtete ich mich davor, dass alle auf mich böse wären, wenn sie erführen, dass ich die Erniedrigungen und Aggressionen des Heimleiters nicht mehr ertragen konnte. Als wäre es nicht schon unangenehm genug gewesen, die ganze Zeit wegen des Grundes für mein Tun lügen zu müssen, behandelten die Polizisten mich wie eine Straftäterin. Mir war klar, dass das ihr Job war, aber ich fühlte mich schrecklich dabei, wie alle um mich herum auf einem erhöhten Podest standen und selbst diejenige, die mir die Amphetamine verkauft hatte, zusammen mit ihrem Anwalt auf mich herabsah. Als ich vor Gericht aussagen musste, schaute ich die ganze Zeit nach unten, da ich mich so schämte.

Dass ich mir das Auslandsjahr dadurch kaputtgemacht hatte, zeigte mir, dass ich mir wegen der Konflikte mit dem Heimleiter meine ganze Zukunft verbauen könnte. Damals verlor ich allen Respekt vor ihm. In den vergangenen Jahren hatte ich immer geschwiegen, wenn er mich angeschrien hatte. Aber was hatte das mit mir gemacht? Ich hatte mich verändert. Zu all dem Wahnsinn zu Hause und den Herabsetzungen während meiner ersten Grundschuljahre erlebte ich, wie es war, von einem Erwachsenen gemobbt zu werden. Einem Erwachsenen, von dem ich abhängig war. Es waren Jahre, in denen die Enttäuschung, Verzweiflung und Erniedrigung mich schließlich dazu trieben, mich zu wehren und mir nichts mehr gefallen zu lassen. Ich schrie zurück. Trotz der enormen Angst, die ich vor ihm hatte.

Als ich bereits sieben Jahre im Heim lebte, tat sich endlich etwas. Inzwischen war mir klar geworden, dass der Heimleiter ein Alkoholproblem hatte, das sich massiv auf sein Verhalten auswirkte. Anfangs gab das Jugendamt meinem Heimleiter nur die Auflage, uns nicht mehr mit dem Auto zu Terminen zu fahren, da er des Öfteren alkoholisiert hinterm Steuer gesessen hatte. Leider hatte ihn die Polizei nie erwischt, aber die anderen Betreuer. Er hielt sich jedoch nicht an die Auflagen, und wir Kinder hätten uns ihm nicht widersetzen können. »Dann sieh zu, wie du deinen Termin wahrnimmst«, hieß es bloß.

Am zweiten Weihnachtstag wagte er es, betrunken und lallend in den Raum zu stolpern, in dem wir unser Abendessen einnahmen. Ein Mädchen aus der Runde hatte seine Großmutter dabei. Sie durfte nicht bei ihr leben, da die Großmutter ein Alkoholproblem hatte. Das war widersprüchlich. Das Mädchen musste im Kinderheim untergebracht werden, in dem der Leiter ein Alkoholproblem hatte, durfte aber nicht bei der Großmutter sein, die ebenfalls ein Alkoholproblem hatte?

Über die Jahre hinweg hatte es immer mal wieder Auseinandersetzungen wegen seines Hangs zur Flasche gegeben. Aber das, was an jenem Weihnachtsabend passierte, war endlich der Auslöser, ihn aus dem Heim zu verbannen und ihm die Arbeit mit uns Kindern nicht länger zu gestatten.

Ich hatte mich oft gefragt, warum er diesen Beruf gelernt hatte, denn er passte absolut nicht zu ihm. In einem Büro hätte er nicht so viel kaputtmachen können wie bei der Arbeit mit Kindern und Jugendlichen. Die Kinder im Heim, die alkoholkranke Eltern hatten, erkannten den Geruch seiner Fahne ganz genau, und irgendwann hatte auch ich es verstanden. Manchmal war der Geruch im Flur hängen geblieben, obwohl er nur einmal kurz durchgelaufen war.

Später wurde mir bewusst, dass er krank war. Es war seine Alkoholsucht, die ihn zu seinem ungerechten, cholerischen Verhalten getrieben hatte. Ähnlich wie bei meiner Mutter hätte ich mir sagen können: Das war nicht er, das war seine Krankheit. Doch als Kind und später als Jugendliche war ich nicht in der Lage, die Ursache für seine Ausbrüche zu erkennen. Und letztlich war es wohl auch nicht meine Aufgabe als Schutzbedürftige, die im Heim nach Geborgenheit und Stabilität suchte.

Für einige der anderen Kinder war es noch gravierender als für mich, da es sie an die schlimmen Zeiten mit ihren alkoholisierten Eltern erinnerte. Manche waren missbraucht worden, manche vernachlässigt. Umso wütender war ich, wenn mir der Geruch seiner Fahne in die Nase stieg.

7

Unbehaust, verfolgt von Gestalten

Die Worte meines Vaters, nicht lange bevor er starb, sollten sich als wahr erweisen. Ich müsse stark sein, hatte er zu mir gesagt. Ob ihm bewusst war, dass meine Mutter und ich nach seinem Tod nicht länger in seinem Haus willkommen sein würden? Nicht einmal, um zu trauern? Es muss ihm schwergefallen sein, mich den Händen meiner Mutter zu überantworten, wusste er doch, wie labil sie damals schon war. Doch ich war stark, von klein auf. Die Beziehung zu meiner Mutter war verdreht, ich empfand mich schon früh als diejenige, die für sie sorgen musste. Dass Kind zu sein in unserer Gesellschaft gewöhnlich heißt, dass erwachsene Bezugspersonen sich um einen kümmern, war mir fremd, bis ich ins Heim kam.

Doch die Sorge um meine Mutter war nicht das Einzige, was unsere Beziehung ausmachte. Es gab Momente, in denen sie mir Geborgenheit gab. Und immer fühlte ich mich geliebt.

Briefe meiner Mutter, aber auch Briefe von mir an sie, habe ich nie weggeworfen. Sie waren mir immer hoch und heilig.

Wenn ich sie heute lese, begreife ich, dass die Ängste,

die ich als Kind hatte, sich mit der Zeit kaum geändert haben.

Liebe Mama!
Manchmal denke ich darüber nach, ob ich nicht gemein zu Dir war. Dann bete ich abends zu Gott und sage ihm: »Ich entschuldige mich bei meiner Mutter.« Ich habe ganz viel Angst, dass Du stirbst. Ich habe Dich immer lieb, denke bitte immer daran! Ich weiß, dass Du wenig Geld hast. Und bitte schenke mir nicht immer so viele Sachen. Ich weiß, Du meinst es gut und willst damit beweisen, dass Du mich liebst. Aber so, wie Du mich großgezogen hast, weiß ich, dass Du mich immer liebst und es immer tun wirst, und ich verspreche Dir, das werde ich auch. Ich verzeihe Dir auch, dass Du alle Sachen weggeschmissen hast.
Nur: Bleibe ehrlich …
In Liebe von Deiner Nilüfer

Wenn ich sie bat, ehrlich zu sein, dann, weil ich zu dem Zeitpunkt noch nicht verstand, dass ihre Halluzinationen ihre Realität waren. Als Kind hielt ich sie eine Weile für Lügen.

Auch wenn ich gerade mal zehn, elf Jahre alt war, bekam ich sehr wohl mit, dass meine Mutter sich gehen ließ. Sie hustete stark und oft und spuckte jedes Mal gelblich grünen Schleim aus. Ich mochte gar nicht hinsehen, aber wollte ihr so gern helfen; deshalb fand ich es wichtig zu wissen, welche Symptome meine Mutter hatte.

Als Kind glaubte ich noch, dass meine Mutter etwas an ihrer Einstellung ändern könne, sodass sie nicht ständig in der Gefahr schwebte, früh zu sterben. Also versuchte ich sie zu motivieren, die Welt neu zu erblicken. Mit Farben. Das war für mich logisch. Mein kunterbunter Plüschtiger Genti hatte mich dazu inspiriert. Sie selbst hatte mir Genti geschenkt, als ich in der ersten Klasse gewesen war. Yasmin hatte damals den gleichen Tiger bekommen und ihn Emil genannt. Die vielen bunten Farben in seinem Fell machten mich fröhlich, und weil mir die Welt meiner Mutter immer so grau und bewölkt erschien, dachte ich, sie würde ihr Leben mehr schätzen und sich daher besser um sich kümmern können, wenn sie Farben in ihr Leben ließe.

Ein Brief von mir an meine Mutter aus dem Jahr 2008, dem ich ein selbst gemaltes Bild hinzufügte, verdeutlicht die Sorgen, mit denen ich aufwuchs …

Liebe Mama!
Ich möchte, dass Du weißt, dass man Farben, alle möglichen Farben, zum Leben braucht, und ich habe herausgefunden: »Lebe nie mit einer Farbe, lebe mit allen Farben.« Frau Thekla sagt ja manchmal etwas, was Du nicht magst, und weil Frau Thekla Dir Ärger macht, möchte ich, dass Du Dich nicht tötest!
Ich möchte noch ein Leben haben mit meiner Mutter, egal ob alt oder jung, krank oder gesund. Ich habe Dich lieb.
Deine Nilüfer

Im Oktober 2011 erreichte mich ein langer Brief meiner Mutter, den ich allerdings erst ein Jahr später bereit war zu lesen. Er trug den Titel »ICH und die Welt«. Ich hatte meine Mutter oft gebeten, mir aus ihrer Kindheit und Jugend zu erzählen. Mich interessierte, wie sie früher gewesen war. Wie sie ausgesehen hatte. Ob sie Ähnlichkeit mit mir gehabt hatte.

In dem Brief teilte sie etwas aus ihrer Vergangenheit mit mir. Die Erinnerungen, die sie mit ihren eigenen Worten formuliert hatte, wirkten auf den ersten Blick völlig klar. Der Brief war an den Seiten beklebt mit aufgesammelten Blättern von Bäumen, was ihm einen älteren, herbstlichen Look verlieh.

Am 23. November 1957 wurde ich – nachdem meine Großmutter am 20. Oktober 1957 im Alter von siebenunddreißig Jahren am Herzinfarkt gestorben war – in Istanbul im Stadtteil Ortaköy geboren.

Gleich nach meiner Geburt wurde ich schlecht behandelt. Ich wurde öfter nicht gefüttert, weil man mich vergessen hatte – fast jeden Tag. Ich hatte, bis ich 1964 im Sommer eingeschult wurde – in die Burak-Reis-Okulu-Schule in Ortaköy –, keine Freundinnen, auch keine Freundin. Nur Adnan Pakalman, der Enkelsohn meiner Heilpraktikerin, die mit ihren Familien am Kanal gegenüber dem christlichen Dom in Ortaköy wohnte, war mein Freund. Wir beide kamen sogar in derselben Zeit zur Schule und auch in dieselbe Klasse.

Adnan Pakalman war damals und später auch und bis jetzt immer noch in meinen Augen ein fieser Typ.

Ausschlaggebender Grund für diese festgefahrene Meinung

meinerseits war, dass er sich ganz fies mit Ausdruck und Miene die Hände vor meinen Augen wusch – ich habe dieses Bild von ihm als »Metapher« immer noch vor Augen.

Dann kam noch hinzu, als ich krank war und seine Großmutter mit meiner Mutter konsultieren musste, dass er mich ganz frech an ihren nicht abgeräumten, mit Hähnchenknochen überhäuften Esstisch holte, um mit mir eine Wette einzugehen, die man in der Türkei »Lades« nennt. Das ist ein nettes Spiel auch für Verlobte, wenn beide genug Gelder haben, weil man sich was wünschen kann, wenn der/die andere vergisst, »Lades« zu sagen, nach einer Zeit.

Da wird vorher ein Knochen vom Hähnchen, der aussieht wie ein Flitzebogen (Steinschleuder), durchbricht zu zweit, und wer die größere Hälfte hat, hat erst einmal gewonnen, aber das ist nicht definitiv. Also haben Adnan Pakalman und ich dann »Lades« gespielt. Als ich mit Adnan Pakalman dabei war, am Unterricht in unserer ersten Klasse teilzunehmen, habe ich – während ich neben meiner damals besten Freundin Cigdem saß – meine erste »Lades«-Wette verloren und verlor somit meinen für mich damals sehr wertvollen Anspitzer aus Deutschland, um den ich viele Tränen vergossen hatte nach dem Verlust davon an Adnan Pakalman.

So nahm das Rätsel seinen Lauf!

Wir zogen dann – nachdem wir in Ortaköy einmal umgezogen waren – nach Fatih; und in Fatih zogen wir noch einmal innerhalb des Stadtteils Fatih in Istanbul wieder um.

Als ich dann auch noch sitzengeblieben war und die erste Klasse wiederholen sollte, tauchte mein Vater in den Sommerferien auf, der in Deutschland zu dem Zeitpunkt schon seit zwei Jahren als Gastarbeiter arbeitete, und nahm uns mit

nach Bremen in Deutschland. Mein Vater hat zwei Jahre in
Hamburg gewohnt und dort auch in der Metallindustrie
gearbeitet und hatte seine Hand in eine Maschine bekommen,
die einige Knochen gesplittert hatte. Er wurde operiert und floh
dann vor der Stadt Hamburg deswegen nach Bremen. Das
hatten ihm nämlich die Hamburger geraten!
In Bremen bin ich nie sitzengeblieben, weil die deutsche Sprache
für mich einfacher war als die türkische Sprache. Ich habe in
Deutschland bis heute im Oktober 2011 sechzehn Jahre
deutsche Schule hinter mir. Aber einen guten vernünftigen
Ehemann bekam ich leider nicht, leider auch nicht viele gute
Freunde. Die besten Freunde, die ich hatte, waren Paul
Lauenburg und Erich Klinge.
Leider habe ich keinen von beiden geheiratet. Das bedauere ich
bis heute noch. Auch jetzt. Geheiratet habe ich leider auch erst
mit sechsunddreißig Jahren, und zwar Ibrahim Türkmen, der
als Asylant aus Yamalak bei …

Die letzte Seite des Briefes war verschwunden. Aber ich
glaubte zu wissen, was sie sagen wollte. Sie hatte meinen
Vater nie richtig gemocht, hatte ich den Eindruck. Ich
weiß nicht, was zwischen ihnen vorgefallen war.
Manchmal fragte ich mich, ob es einvernehmlicher Sex
war, den die beiden hatten, da meine Mutter oft von
Vergewaltigung sprach. Vielleicht war es aber auch der
Umstand, dass beide schwer krank waren, der mir den
Eindruck vermittelte, dass etwas zwischen den beiden
nicht stimmte. Oder die Tatsache, dass mein Vater uns
mit in die Türkei nahm, wo seine andere Ehefrau auf ihn
wartete. Anders als ich, die ich dort eine große Nähe zu

meinem Vater erfuhr, verband meine Mutter mit jener Zeit Streit, Zurückweisung und Ablehnung.

Ich war froh, meine Mutter anhand ihrer Erinnerungen besser kennenlernen zu können, doch zugleich war ich mir nicht sicher, was davon der Wahrheit entsprach. Sie dachte sich so oft Sachen, Namen, Geschichten aus, nahm Erlebnisse auf, die mir widerfahren waren, und erzählte sie, als wären es ihre eigenen. Was die Ernährung anging, so wurde ich in meiner Kindheit von ihr vernachlässigt – vielleicht hatte sie das auf sich projiziert und daraus ihre eigene Lebensgeschichte gebastelt, in der sie als Baby nicht gefüttert wurde. Vielleicht erzählte sie davon, weil es stimmte. Vielleicht erzählte sie aber auch deshalb davon, weil sie unterbewusst Schuldgefühle hatte, sich nicht genug um mich gekümmert zu haben. Wie auch immer – ich wusste es nicht. Ich konnte nur spekulieren, im Dunkeln tappen, aber meistens lag ich bei meiner Mutter mit meinen Vermutungen richtig. Ich kannte sie sehr gut. Ihre Verhaltensweisen. Ihre Art. Ihre Mimik. Ihre Gestik. Ihre Gedanken. Ich kannte sie besser als jeder andere. Nur konnte ich nicht sehen und hören, was sie heimsuchte. Tag für Tag.

»Pass auf, dass du in keinen Autounfall gerätst«, sagte meine Mutter zu mir am Telefon.

»Nein, werde ich nicht«, wimmelte ich sie genervt ab.

Es kam jedoch nicht gerade selten vor, dass meine

Mutter mit ihrer Intuition nah an der Realität lag, obwohl sie gedanklich in einer völlig anderen Welt lebte. So auch an jenem Tag im März 2014.

Montag. Ich hatte einen Achtstundentag in der Realschule. Am Nachmittag fand die Breakdance-AG statt. Als ich zurück ins Heim kam, fing mich Herr Flip, mein Betreuer, ab.

»Nelly, komm, setz dich mal hin«, bat er.

Ich folgte ihm ins Esszimmer und legte meinen Rucksack ab. Mit einem Mal hatte ich ein komisches Gefühl und wollte lieber stehen bleiben. Im Stillen rechnete ich damit, dass jetzt der Tag gekommen war, an dem man mir mitteilte, dass meine Mutter verstorben sei.

Er räusperte sich. »Britta ist bei einem Autounfall tödlich verunglückt«, sagte er schließlich.

Ich war die Letzte aus dem Heim, die es erfuhr. Alle anderen waren am Mittagstisch informiert worden.

Mein Hungergefühl war augenblicklich verschwunden. Ich verzog mich sofort auf mein Zimmer. Dort überließ ich mich meinen Erinnerungen. Mir schossen alle möglichen Momente mit Britta durch den Kopf. Einmal hatte sie mir einen Hocker zusammen mit Herrn Strickler gebaut, damit ich mich am Waschbecken im Spiegel sehen konnte. Die waren im Heim nämlich alle ziemlich hoch angebracht. Es war ein besonderer Moment für mich gewesen, weil ich zuvor nie ein persönliches und selbst gemachtes Geschenk erhalten hatte.

Ich dachte an all die Bollywood-Filme, die wir gemeinsam gesehen hatten, die Stunden, die wir verbracht hatten, um über jeglichen Quatsch zu reden, die Übernachtungen … Nachdem ihre Eltern sich räumlich getrennt hatten, aß sie einmal in der Woche mit uns. Dann sprangen wir uns in die Arme, wuschen gemeinsam die Hände, quatschten und lachten.

Einige Tage darauf stand ich wieder vor ihr und hielt ihre Hand, die ganz kalt und blass war. Ihre Schürfwunden an den Armen waren überschminkt und die verlorenen Fingernägel überklebt. Sie lag so ruhig in ihrem Sarg und bewegte sich kein Stück. Ich starrte auf ihren Brustkorb und wartete darauf, dass er sich hob. Nichts. Keine Reaktion. Kein Heben. Kein Senken. Ich starrte so lange auf ihren Brustkorb, bis ich meinte, einen kurzen Atemzug gesehen zu haben. Das war aber wahrscheinlich nur das Flackern der Kerzen gewesen, die den Raum erhellten.

Ich hatte sie unbedingt sehen müssen. Die Woche über hatte ich nicht glauben können, dass sie nicht mehr da war. Die ersten Jahre im Heim hatten wir zusammen gewohnt, gemeinsam gegessen, gemeinsam gespielt, gemeinsam gelacht, waren gemeinsam in die Kirche gegangen, auf dieselbe Ferienfreizeit gefahren. Wir hatten so viel Zeit miteinander verbracht – und jetzt sollte dieser Mensch einfach so verschwunden sein? Ich konnte das nicht glauben. Gerade sie. Damit hatte ich nicht gerechnet. Während ich an ihrem Sarg stand, erinnerte ich mich, dass sie die erste Person gewesen war, die mich aufnahm, als ich ins Heim gekommen war. Das hatte mir damals sehr viel bedeutet, und tut es nach wie vor.

Durch die vielen Konfrontationen mit dem Tod im

frühen Kindesalter hatte ich das Gefühl gehabt, niemanden mehr verlieren zu können, da alle bereits »gegangen« waren. In mir war immer nur der Gedanke, dass meine Mutter jederzeit den Tod finden könnte, aber nicht eine Freundin von mir. Schon gar nicht jemand, mit dem ich groß geworden war.

Ein Lied, das auf Brittas Beerdigung lief, war »Time To Wonder« von Fury in the Slaughterhouse. Das rührt mich heute noch zu Tränen.

And this is not the time to wonder
And this is not the time to cry
And this is not the time to sleep while we fight
And this is not the time to die …

In den kommenden Wochen fühlte es sich nicht so an, als würde Britta fehlen. Sondern eher so, als wäre sie gerade beschäftigt und würde einfach später zum Mittagessen dazustoßen, sich einen Teller schnappen und sich in unsere Vorküche setzen. Dort saßen immer diejenigen, die später zum Essen kamen, weil unser Tisch meistens schon voll war. Ich wollte ihr auf WhatsApp schreiben. Oder auf Facebook. Aber das war nicht möglich. Ich bekam keine Antwort. Ich ging alte Nachrichtenverläufe von uns durch. Wir schrieben über die Mädels aus unserem Heim und wie es bei uns in der Schule so lief. Ich fand auf Facebook weitere Bilder von uns beiden. Auf einem hatte mich Britta Huckepack genommen, und ich strahlte in meinem Nonnenkostüm in die Kamera. Das war in der vierten Klasse gewesen. Ich hatte zu Fasching nicht als Prinzessin oder Ritter gehen wollen. So sahen ja alle aus.

Auf einem anderen Bild waren wir ein ganzes Stück älter und rockten gemeinsam den Dancefloor auf Ameland. Das war 2013 gewesen, ein Jahr vor ihrem Tod. Irgendwie war mir gar nicht zum Weinen zumute. Ich lachte über unsere lustigen Momente, die wir gemeinsam gehabt hatten. Die coolen Gespräche mit ihr und ihre rebellische Art. Doch das Lachen überlagerte nur das Gefühl der Trauer und verflog. In mir machte sich ein dumpfer Schmerz breit und begleitete mich in meinem Alltag. Die Antriebslosigkeit plagte mich, und ich konnte an nichts anderes mehr denken als an den Unfall. Britta fehlte. Ihre Heiterkeit fehlte. Ihr Strahlen fehlte.

Ich hatte noch nicht mal von ihr Abschied nehmen können. Wir hatten uns zuletzt wegen irgendwelcher Kleinigkeiten gestritten. In Zukunft, so wusste ich, würde ich darauf achten, meine Gefühle auszudrücken und Unstimmigkeiten möglichst gleich zu klären. Um immer Abschied nehmen zu können. Von Freunden und von meiner Mutter.

Ironischerweise konnte ich dieses Mal behaupten, dass es meiner Mutter gelang, mich mit ihren Wahnvorstellungen abzulenken. Kurz nach Brittas Tod starb nämlich auch ihr Vater, mein Großvater. Das erhellte ihre Tage nicht gerade. Mir ging es natürlich auch nahe, dass mein Dede verstorben war. Doch hatte ich nie eine starke Bindung zu meiner Verwandtschaft aufbauen können, da sie und meine Mutter sich voneinander abgekapselt hatten.

Generell hatte ich beobachtet, dass schlechte Nachrichten die Hirngespinste meiner Mutter begünstigten. Als ich sie besuchte, hatte sie dementsprechend einen schlechten Tag. Ein schlechter Tag meiner Mutter zeigt sich immer darin, dass in ihrer Welt sehr viel los ist.

Wir saßen am Esstisch und versuchten, das Essen zu genießen, das meine Mutter schon sechs Stunden vorher angefangen hatte zu kochen. Sie war wie so oft ziemlich aufgeregt, mich wiederzusehen – ein Grund dafür, dass sie so früh mit den Vorbereitungen begonnen hatte. Es gab wässrigen Reis mit Bohnen. Ob meine Mutter wusste, dass sie nicht gut kochen konnte? Ich sagte es ihr nicht, weil sie sonst wieder irgendetwas verdreht oder falsch interpretiert hätte. Einmal, als ich mit Nachbarn zum Campen an die Ostsee gefahren war, hatte ich ihr am Telefon erzählt, dass das Essen dort viel besser schmecken würde und zu Hause überhaupt nicht. Das hatte sie gekränkt. Noch Wochen später hatte sie behauptet, dass meine Nachbarn das Essen vergiftet und Koks reingetan hätten, damit ich süchtig würde und mir das Essen bei ihnen besser schmeckte. Auf diese Weise wolle man mich ihr wegnehmen. Damals war ich wütend geworden, dass sie unsere Nachbarn schlechtgemacht hatte, wo sie mir doch wichtig waren. Inzwischen konnte ich es ignorieren.

Ich merkte, dass ich gedanklich abgeschweift war. Meine Mutter war längst bei einem anderen Thema:

»Walle. Walle. Bau dir ein Haus in Walle! Da ist ein

Gebet! Wenn man nach Walle geht, geht man ins Café und zum Juwelier, und dann kann man ein Haus bauen. Aber natürlich muss man die Edelsteine aufbewahren. Man braucht einen Architekten zum Hausbau.«

Ich lächelte und sagte ihr, dass ein Haus noch warten müsse, bis ich einen Beruf erlernt und darin ein paar Jahre gearbeitet hätte. Sie nickte und segnete meine Antwort mit einem »Mhm, genau« ab. Ich konnte darauf wetten, dass das Thema in fünf Minuten noch einmal aufkommen würde, denn so war es immer. Vorerst aber setzte sie den Löffel ab und schwenkte zum nächsten Thema.

»Strickler hext wieder an unserem Stuhl. Trink zu Hause Milch, Saft und Limonade.«

Ich fragte nach, ob etwas mit ihrem Stuhl nicht in Ordnung sei. Sie stand abrupt auf, während ich noch aß, und stellte sich hinter ihren Stuhl. Dann rüttelte sie einmal fest daran, um mir zu zeigen, dass er instabil sei.

Während all der Stunden, die ich bei ihr war, sprach sie das Thema Britta oder ihren verstorbenen Vater überhaupt nicht an.

Auch das ist etwas, das Kindern von psychisch kranken Eltern widerfährt. All die Cola, Schokolade, Multivitaminsäfte hatten mir als Kind nie viel ausgemacht. Da meine Mutter mich oft in den Arm genommen hatte, als ich kleiner gewesen war, hatte ich mich auch immer geliebt gefühlt. Doch jetzt, wo ich einen großen Verlust erlitten hatte, spürte ich einmal mehr, dass ich ganz auf mich gestellt war. Ein verständnisvolles Gespräch oder gar Halt konnte ich nicht erwarten. Und Trost bestand nur darin, dass meine Mutter mir mit ihren wirren Satz-fetzen ein Stück Gewohnheit und Kontinuität vermittel-te. Ich hatte immerhin noch sie.

8

Im Dunklen, im Rauch und im Kalten

Brittas Tod hatte mich einmal mehr daran erinnert, wie zerbrechlich das Leben ist. Umso mehr sorgte ich mich um meine Mutter. Und sie machte es mir nicht leicht.

Wenn wir gemeinsam ihren Arzt besuchten, sprach sie häufig von Symptomen, die sie gar nicht hatte. Natürlich bekam ich das mit. Sie log, dachte sich Sachen aus. Diese Lügen hatten zur Folge, dass ich ihre Krankheiten bald nicht mehr ernst nehmen konnte. Eines Tages aber, als ich bereits auf das Abitur zusteuerte, erzählte sie mir, dass sie Tuberkulose habe.

Meine Gedanken begannen zu kreisen. Es war gar nicht so abwegig, dass sie an Tuberkulose erkrankt sein könnte, zumal nicht feststand, ob sie als Kind in der Türkei dagegen geimpft worden war. Außerdem passte dieser schlimme chronische Husten zum Krankheitsbild. Wie hatte es so weit kommen können? Ich dachte an den ständigen Wechsel ihrer Ärzte, die fehlende Rücksprache mit ihren Betreuern, ihre Art, notwendige Arztbesuche aufzuschieben, und ihr Unvermögen, sich angemessen um sich selbst zu kümmern. Außerdem rauchte sie mehrere Schachteln Zigaretten pro Tag. Ich hatte eher mit Lungenkrebs oder etwas Ähnlichem gerechnet, aber als

161

sie mit der Diagnose »Tuberkulose« daherkam, haute mich das in dem Moment genauso um. Ich bekam es mit der Angst zu tun und erzählte Anneanne, ihrer Mutter, davon, zu der ich mittlerweile losen Kontakt aufgenommen hatte. Lauter Fragen schwirrten mir durch den Kopf. Würde sie wieder gesund werden? Doch wie? Konnte sie überhaupt wieder gesund werden? So, wie sie ihr Leben lebte, konnte ich mir nicht vorstellen, dass sie lange durchhalten würde. Wie würde ich auf ihren Tod reagieren? Wer würde dann mitbekommen, wie ich mein Abitur schaffte? Wie ich in meine erste eigene Wohnung zog? Würde ich damit umgehen können, sie zu verlieren?

Im Grunde genommen schwirrten mir solche Fragen schon seit Langem im Kopf herum – ich war nur nie zuvor derart ins Detail gegangen. Wie stand es mit der Beerdigung? Ob ich die Kosten tragen müsste? Oder meine Großmutter? *Der Grabstein,* dachte ich. Den würde ich mit unserem Tischlermeister, Herrn Strickler, selbst bauen; ein Punkt, den ich schon mal auf meiner Liste abhaken konnte. Dabei wollte ich mir doch gar keine Gedanken über all diese Dinge machen müssen! Aber wenn ich ehrlich zu mir war, glaubte ich nicht daran, dass ich ein langes Leben mit meiner Mutter haben würde. Als Kind hatte ich mir gewünscht, dass sie mir erhalten bliebe, bis ich erwachsen wäre, damit ich ihren Verlust besser verkraften könnte. Damit ich auf eigenen Beinen stünde und es allein schaffen würde. Doch jetzt, wo ich volljährig war, merkte ich, dass ein himmelweiter Unterschied zwischen »es allein schaffen« und dem Gefühl bestand, das sich bei dem Gedanken an ihren Verlust in mir ausbreitete.

In den folgenden Tagen überlegte ich hin und her, wie ich verhindern könnte, dass ihr Gesundheitszustand sich weiter verschlimmerte. Ich war inzwischen achtzehn und konnte Autofahren. Da hatte ich die Antwort! Ich würde selbst die Initiative ergreifen.

Als Erstes redete ich mit meiner Mutter und erzählte ihr von meiner größten Sorge: dass sie sterben würde. Ich hätte Schuldgefühle gehabt, wenn ich nicht in irgendeiner Weise versucht hätte, ihr zu helfen. Zu dem Zeitpunkt konnte man noch keine Pflegestufe für psychisch Erkrankte einfordern, obwohl viele es benötigt hätten. Meine Mutter vegetierte in ihrem Zimmer vor sich hin, aß kaum etwas, verkroch sich tagelang im Bett, duschte und pflegte sich nicht, wechselte die Kleidung nicht und rauchte unzählige Kippen. Wenn sie eine Pflegestufe gehabt hätte, dann hätte sie mit ihren Betreuern immer Rücksprache halten müssen, wenn sie einen Arzt besuchte, oder die Betreuer hätten sie bei ihren Arztbesuchen begleitet. So hätte jemand, der in der Realität lebte, mitbekommen, was ihr gesundheitlich wirklich fehlte. Dann hätte auch ich beruhigter schlafen können. Andererseits hätte dann jemand die Vormundschaft für sie übernehmen müssen, und ich wusste nicht, ob ich das wollte.

Wieder einmal wurde mir bewusst, wie abgeschnitten wir von der restlichen Familie waren. Doch es wäre zu schwierig gewesen, daran etwas zu ändern. Sie hatten niemals Interesse an meiner Mutter oder Verständnis für ihre Erkrankung aufgebracht. Zum anderen konnte auch ich selbst nicht mit Toleranz und Akzeptanz für mich, meinen Werdegang und meine sexuelle Orientierung rechnen. Ich hatte vor einer Weile erkannt, dass ich auch Frauen interessant und attraktiv fand. Mein Halbbruder Tahir reagierte mit Drohungen auf mein Coming-out mit siebzehn. Er hatte meine Fotos und Posts auf Facebook offenbar richtig gedeutet. Für ihn beschmutzte ich den Namen unserer Familie; wenn es nach ihm ginge, müsste ich meinen Nachnamen und meine Identität ändern, damit meine Orientierung nicht auf unsere Familie väterlicherseits zurückgeführt werden könne. Da ich schon seit vielen Jahren gelernt hatte, für mich selbst zu sorgen, zog mir sein Verhalten nicht den Boden unter den Füßen weg. Es war längst zu meiner Lebensaufgabe geworden, zu kämpfen. Um mich, um meine Mutter.

Ich war die Einzige, die Einfluss auf meine Mutter hatte, doch eine Vormundschaft wäre eine große Belastung neben der Schule gewesen. Ein paar Wochen hielt ich es durch, Arzttermine für meine Mutter zu vereinbaren, sie mit dem Auto abzuholen und sie zu begleiten. Ich ließ die Schule sausen und war nur noch für sie erreichbar. Der Wahnsinn stieg mir zu Kopf, aber ich biss die Zähne zusammen und tat alles, um ihr zu helfen.

Irgendwann bekam das Heim einen Brief, in dem stand, dass eine Klassenkonferenz wegen meiner Fehlzeiten einberufen werden sollte. Ich wurde im zweiten Halbjahr in sämtlichen Fächern mündlich mit einer Fünf benotet und rutschte in jedem Fach eine Note runter. Mathematik hatte ich immer ausfallen lassen, da ich sowieso unterfordert war und nicht anwesend sein musste, um beim Lernstoff mitzuhalten. Dadurch, dass ich schriftlich auf 97 Prozent stand, hätte ich die Abschlussprüfung mit einer Drei bestehen können, um meine Eins in Mathe zu halten. Aber durch meine Fehlzeiten bekam ich sogar in meinem Lieblingsfach statt einer Eins bloß noch eine Zwei. Erst da wurde mir bewusst, dass ich mir meine Zukunft verdarb, wenn ich weiterhin die Verantwortung für meine Mutter übernahm. Nicht nur meine Fehlzeiten waren das Problem, sondern auch mein Gedankenkarussell. Wenn ich in der Schule anwesend war, war ich in Gedanken dennoch bei meiner Mutter, da ich mir so große Sorgen machte.

Meine Betreuer sprachen mit mir und machten mir klar, dass ich keine Schuld daran trüge, wenn sie sterben würde. Ich müsse mein Leben leben und die Verantwortung für meine Mutter jemand anders überlassen. Auch wenn mein Gewissen mich quälte, würde ich mir selbst damit keinen Gefallen tun. Wahre Worte. Ich sah nur nicht, dass jemand anders die Verantwortung übernahm.

Schließlich stellte sich heraus, dass meine Mutter gar nicht an Tuberkulose erkrankt war. Aus Wut ließ ich von ihr ab und folgte dem Rat meiner Betreuer, großen Abstand zu ihr zu nehmen. Durch das Abrutschen meiner Noten erzielte ich einen Schnitt von 2,7 im Fachabitur. Um für die dreizehnte Klasse zugelassen zu werden, mit der ich mein Vollabitur erreicht hätte, wurde aber ein Schnitt von 2,5 vorausgesetzt. Meine einzige Möglichkeit, das Abitur zu machen, hing von einem Antrag an die Senatorin für Bildung ab. Ich formulierte die Situation, die sich in der zwölften Klasse mit meiner Mutter zugetragen hatte. Irgendwann in den Sommerferien erreichte mich die Nachricht, dass ich zugelassen wurde. Aber nicht wegen meiner Situation, so hieß es, sondern weil meine vorherigen Zeugnisse in Betracht gezogen worden seien, die immer gut bis sehr gut gewesen waren. Und so bekam ich eine zweite Chance, mein Vollabitur doch noch zu machen! Ich hatte keinen Plan B gehabt, da ich all meine Hoffnungen darauf gesetzt hatte, doch noch für die dreizehnte Klasse zugelassen zu werden. Als ich die Nachricht erhielt, schwor ich mir, mich in meinem letzten Schuljahr nicht ablenken zu lassen und mir möglichst keine übermäßigen Sorgen um meine Mutter zu machen. Und das zog ich durch. Es zahlte sich voll aus, dass ich den Fokus auf die Schule legte, denn ich erzielte einen Abiturdurchschnitt von 1,7.

Erst in jenem Schuljahr hatte ich gemerkt, wie gut es mir und meiner Zukunft tat, nicht ständig bei meiner Mutter zu sein und mich nicht um sie zu kümmern. Denn das war die Aufgabe von anderen und nicht von mir. Es war die Aufgabe der Betreuer in ihrem Wohnheim. Die Aufgabe ihrer Psychiater. Die Aufgabe ihrer Ärzte. Ihres Rechtsanwalts. Denn ich war noch immer das Kind und nicht die Mutter meiner Mutter.

Die tägliche Sorge, dass ihr irgendetwas zustoßen könnte, wird mich wohl nie verlassen. Aber in der Zeit, in der es um mich gehen sollte, ging es auch nur um mich und um niemand anders. Das musste ich erst lernen. Ich musste lernen, dass ich ihr nicht helfen konnte und für mich selbst sorgen musste. Dass ich meine Mutter als Erwachsene und nicht länger als meine Tochter betrachtete.

Mit vierzehn Jahren hatte ich das erste Mal angefangen, der Krankheit meiner Mutter auf den Grund zu gehen. Warum war meine Mutter krank? Was war der Auslöser dafür?

Als Erstes machte ich mich auf den Weg zu ihren Verwandten, damit sie mir mehr aus ihrer Kindheit berichteten, als meine Mutter selbst es konnte. Ihre Erinnerungen verschwammen viel zu oft zwischen Wahn und Realität.

Anneanne, meine Großmutter, erzählte mir, dass meine Mutter früher eine sehr hübsche junge Dame gewesen sei. Sie war schlank, hatte immer schicke Sachen an und war der Professor der Familie, da sie so intelligent war. Sie wusste immer über alles Bescheid. Damals arbeitete sie als Fremdsprachenkorrespondentin bei einem großen Transport- und Logistikunternehmen.

»Das war nicht einfach für sie«, sagte Anneanne. Meine Mutter war offenbar sehr beliebt beim Chef, weil sie so zuverlässig und gut arbeitete. Sie war aber auch die Einzige mit Migrationshintergrund, was ihren Arbeitskolleginnen ein Dorn im Auge war. Dass eine Migrantin ihre Arbeit besser als eine Deutsche erledigen konnte, veranlasste einige ihrer Kolleginnen, schlimme Dinge zu tun.

»Sie trug schicke Kleider, die ihre Arbeitskolleginnen

vor ihren Augen zerschnitten, und sie schütteten Tinte darüber aus«, sagte Anneanne und senkte den Kopf. Nach einer kurzen Pause fuhr sie fort: »Aber zur Anzeige wollte deine Mutter diese Schweine nie bringen.«

Ich war fassungslos. Sauer. Zornig. Ich sah Rot und hätte am liebsten jeder einzelnen Übeltäterin einen Besuch abgestattet, um ihr einen Vortrag zu halten, was sie meiner Mutter angetan und was das aus ihr gemacht hatte. Mobbing ist schlimm. Ich wurde selbst gemobbt, aber aus anderen Gründen. Die anderen Kinder und Jugendlichen fanden mich hässlich und machten sich in der Pubertät über meine starke Akne lustig. Ich konnte also nachempfinden, wie gedemütigt meine Mutter sich gefühlt haben musste. Aber egal, wie schwach und klein man sich fühlt, man muss darüber sprechen. Sich Hilfe holen. Das ist wichtig.

Ich hatte Mitleid mit meiner Mutter, dass sie nicht stark genug gewesen war, sich zur Wehr zu setzen. Aber warum hatte ihr Chef nichts dagegen unternommen? Anneanne erzählte mir, dass sich Dede, der Vater meiner Mutter, mit ihrem Chef getroffen und ihm die Situation geschildert habe. Was er denn machen solle?, lautete dessen Antwort. Der Chef schätzte meine Mutter und die Arbeit, die sie leistete, aber mit Mobbing in seiner Firma wusste er nicht umzugehen.

Anneanne erzählte mir auch, dass meine Mutter in der Vergangenheit ein paarmal betrunken gewesen war, und das schon mit vierzehn. Ich war zwölf gewesen, da war ich noch früher dran als meine Mutter. Ich fragte mich nur, warum meine Mutter damals, in so jungen

Jahren, zur Flasche gegriffen hatte. Vielleicht war das Leben bei Anneanne und Dede gar nicht so toll gewesen, wie ich dachte? Sie fuhren jedes Jahr gemeinsam in den Urlaub und hatten genug Geld, um jedes ihrer Kinder zu versorgen – Onkel und Tanten, zu denen meine Mutter und ich ebenfalls keinen Kontakt hatten. Bei den Rahmenbedingungen, dachte ich automatisch, musste die Familie doch ein tolles Leben geführt haben, als meine Mutter noch jung war. Aber ich wusste ja selbst, dass gute Rahmenbedingungen nicht alles sind, was ein schönes Leben ausmacht.

»Sie war erst vierzehn, und die Bar hat ihr trotzdem Alkohol ausgeschenkt«, sagte Anneanne empört. Dede war am nächsten Tag mit der Polizei zur Bar gegangen und hatte dafür gesorgt, dass der Laden dichtgemacht wurde.

Die Erzählungen meiner Großmutter brachten mir meine Mutter ein Stück näher, doch noch immer wusste ich nicht, wie ihre Krankheit begonnen und was sie ausgelöst hatte.

Ich versuchte an anderer Stelle mehr herauszufinden: bei ihrem Psychiater. Es war nicht leicht, einen Termin bei ihm zu bekommen. Ich wollte mit ihm über die Erkrankung meiner Mutter und die Inhalte ihrer Therapie sprechen. Das ging nur mit dem Einverständnis meiner Mutter. Sie war während des Gesprächs dabei und mit ihr meine Betreuerin und die Betreuerin meiner Mutter.

»Ich wüsste gern mehr über die Erkrankung meiner Mutter. Was sind das für Medikamente, die sie nimmt? Was erzählt sie hier so in der Therapie? Kann sie wieder gesund werden?«, löcherte ich den Arzt mit Fragen.

Schnell merkte ich ihm an, dass er nicht wusste, wie er sein komplexes Wissen einer Vierzehnjährigen nahebringen sollte. Heraus kamen nur Sätze, die so heruntergebrochen waren, dass nicht einmal er selbst sie verstand. Meine Betreuerin war enttäuscht. Auch sie hatte von dem Gespräch mehr erwartet.

»Und warum waren wir jetzt dort?«, fragte sie mich.

Wir beide wussten längst Bescheid über das, was er uns erzählt hatte. Die paar Fachbegriffe hätten wir auch googeln können. Trotzdem hatten wir noch immer nicht verstanden, was genau Schizophrenie ist, welche Symptome zu der Erkrankung gehören und welche Therapien und Medikamente am vielversprechendsten sind. »Ich glaube, er wusste selbst nicht so genau, was er da gesagt hat«, meinte meine Betreuerin abschließend. Ich nickte bloß. Wie die Erkrankung sich bei meiner Mutter äußerte, erlebte ich mit, seit ich geboren war. Doch wie komplex Schizophrenie ist, welche unterschiedlichen Formen es gibt und wie breit gefächert die Anzeichen der Erkrankung sind, wusste ich damals noch nicht. Ich hatte auch keine Ahnung, welche Rolle die genetische Komponente spielt.

Bis ich meinen ersten Zug an einem Joint machte, war wieder ein Jahr vergangen. Was für eine schlimme Konsequenz das für mich hätte haben können, erfuhr ich erst mit achtzehn, als ich erstmalig für ein Referat über Schizophrenie googelte – ein halbes Jahr vor dem Vortragstermin. Ich wollte bestens vorbereitet sein. Da machte ich folgende Entdeckung in den Weiten des Internets: »Schizophrenie ist vererbbar.«

Meine Nackenhaare stellten sich auf. Schweißperlen rannen über meine Stirn. Ich legte das Handy zur Seite und starrte für einen Moment an die Wand. Ich dachte nach. Oder, besser gesagt, ich versuchte nachzudenken, während die Angst mich durchdrang.

Erneut griff ich zum Handy, um mehr herauszufinden. »Schon durch den einmaligen Konsum von Cannabis, Ecstasy und LSD kann die Krankheit Schizophrenie ausbrechen.«

Wie leichtsinnig ich gewesen war! Nicht nur einmal hatte ich in der Vergangenheit gekifft. Ich versuchte nachzuzählen. Ganze drei Mal war ich nah dran gewesen, der Krankheit meiner Mutter Macht über mich zu geben. »Die Chance, an Schizophrenie zu erkranken, liegt bei Kindern des schizophren Erkrankten bei dreizehn Prozent. Bei Geschwistern des Schizophrenen liegt sie bei circa fünfundvierzig Prozent.«

Jetzt bekam ich noch mehr Angst. Angst, selbst daran zu erkranken. Auch wenn ich nie eine Wirkung vom Cannabis gespürt hatte, während alle anderen am Tanzen und Feiern gewesen waren, bereute ich meine Leichtsinnigkeit. Ich ärgerte mich in dem Moment aber auch über all jene, die sorglos Drogen konsumierten und dabei gar nicht wussten, ob sie eine genetische Disposition für eine psychische Erkrankung in sich trugen. Wie viele Jugendliche schwören auf ihren Joint und schreiben ins Netz: *Pro Legalisierung Cannabis?*

Ich musste meine Gedanken sortieren. Beim weiteren Lesen des Artikels stieß ich jedoch auf weitere Aspekte, die mir Angst einjagten. »Auch positiver Stress, wie zum Beispiel eine Hochzeit, können bei einer vorhandenen genetischen Disposition ein Auslöser für den Ausbruch von Schizophrenie sein. So wie Traumata.«

So kam ich nicht weiter. Meine Angst wuchs, und was meine Mutter anging, hatte ich noch immer keinen konkreten Hinweis auf ihren Auslöser. Ich schloss den Artikel und entschied, mich dem Thema ein anderes Mal zu widmen. Aber ich schwor mir, nie wieder irgendwelche Drogen anzurühren. Nicht mal einen Joint. Wie gefährlich Cannabis für meinen Körper sein kann, hätte ich nie gedacht.

Inzwischen sehe ich die Erkrankung meiner Mutter so: Wir benötigen mehr Aufklärung, mehr Sensibilisierung und Enttabuisierung psychischer Erkrankungen. Der Umgang mit meiner Mutter ist der Grund, warum ich mich zu dem Thema als freie Referentin fortgebildet habe und dahingehend Aufklärungsarbeit betreibe. Schizophrenie kann so schlimm werden wie bei meiner Mutter, muss es aber nicht – sofern sie früh erkannt wird und schnell Therapieansätze und Medikation erfolgen. Dazu ist ein stabiles und zuverlässiges Umfeld wichtig, damit die schizophrene Person menschlich und sozial aufgefangen wird.

Ich habe gelernt, dass man mit Verständnis bei meiner Mutter sehr weit kommt. Wenn ich ihr einfach nur zuhöre. Ihr das Gefühl gebe, dass sie nicht verrückt ist, indem ich ihre Realität nicht leugne. Denn all die Gestalten um sie herum sind ihre Realität, und ihr bricht es das Herz und treibt sie in die Distanz, wenn ich ihr keinen

Glauben schenke. Indem ich sie annehme, kann ich sie auch besser beruhigen, wenn sie durch ihre Halluzinationen stark aufgewühlt ist.

Mit einem verständnisvollen und einfühlsamen Verhalten fördert man bei schizophrenen Menschen das gegenseitige Vertrauen, was für eine Zusammenarbeit sehr wertvoll sein kann. Denn wie ich selbst immer wieder erfahren habe, kann ein schizophrener Mensch stur sein, sich weigern, jegliche Hilfe anzunehmen, und dann durchs System fallen und schlimmstenfalls auf der Straße landen. Was gar nicht so unwahrscheinlich ist, denn die meisten Obdachlosen leiden an Schizophrenie oder ähnlichen psychischen Erkrankungen.

Nachdem meine Mutter die Wohnung in Blockdiek verlassen hatte, war übrigens auch der Spion in der Lampe verschwunden. Ich hörte nie wieder etwas von ihm.

Seit Neuestem besitzt meine Mutter ein Smartphone. Jeder kennt die Situation, wenn die eigene Mutter oder der eigene Vater WhatsApp installiert und zu Anfang, womöglich auch das ganze Leben, nicht damit zurechtkommt. Merkwürdige, zusammenhangslose Emojis verschickt, sogar mal auf ein GIF klickt oder Videos statt Bilder versendet. Meist von Blumen. Speziell von Tulpen. Natürlich gilt das auch für meine Mutter. Niedlich ist das. Aber ob in ihren Briefen, dem Notizheft oder eben WhatsApp bleibe ich von ihren Ängsten und Sorgen nicht verschont.

Meistens antworte ich nicht, ohne es böse zu meinen. Meistens lese ich mir die Nachrichten auch gar nicht durch, um nicht auf das eingehen zu müssen, was sie schreibt. Stattdessen schicke ich ihr Selfies von mir und schreibe, dass alles in Ordnung sei und dass ich sie lieb habe. Dann schickt sie mir auch ein Selfie, oft gleich mehrere, und schreibt, dass auch bei ihr alles okay sei.

An den Fotos kann ich jedoch meist sehr gut ihren Zustand erkennen. Wenn es ihr schlecht geht, schafft sie es nicht, sich zu kämmen, zu duschen oder ihre Kleidung zu wechseln. Auch heutzutage ist es nicht angenehm, mit ihr in die Öffentlichkeit zu treten, wenn sie sich einige Tage nicht gewaschen hat oder ihre Schlafklamotten anbehält.

Mitten in der Nacht leuchtet mein Handy auf. Es ist 00:04 Uhr. Eine neue Nachricht von meiner Mutter. Ich entsperre mein Handy.

Wenn dein Geld nicht reicht, sprich Damen an, ob sie dir für deine Rückfahrt ein bisschen Geld schenken können!

Ich vermute, das ist wieder eine Anspielung darauf, dass ich für zwei Tage in Wiesbaden war. Solch eine Nachricht – dass ich ganz allein reise und dann auch noch so weit weg – kann ziemliche Wahnvorstellungen in ihr hervorrufen. Aber immer schweigen ist auch schwer. Meine zweite große Knie-OP habe ich ihr verschwiegen, um sie nicht zu beunruhigen. Allerdings traf mich auf der Station eine Freundin meiner Großmutter an, die mich sofort erkannte, da ich optisch große Ähnlichkeiten mit meiner Mutter habe. Ich kannte sie jedoch nicht und war sehr verwundert, als sie mich fragte, ob ich Nilüfer Türkmen sei. Sie rief sofort meine Großmutter an, meine Großmutter dann die ganze Verwandtschaft, mit der ich rein gar nichts zu tun habe und auch nichts zu tun haben möchte – und natürlich meine Mutter, die in Panik ausbrach.

Um 00:20 Uhr kommt die nächste Nachricht:

Kannst versuchen von der Bahnhofsmission dir Geld auszuleihen.

Geld ist auch eines der vielen Dinge, die meine Mutter seit Jahren beschäftigen. Manchmal stellt sie Rechnungen auf, die keiner außer ihr versteht. Da geht es dann um Gelder Deutschlands, Italiens oder Griechenlands, die erwirtschaftet wurden, um die Schulden, die ein Staat gemacht hat, oder wie groß der Schaden ist, der durch Schwarzarbeit entstanden ist. Dabei spielen auch verstorbene Menschen eine Rolle, die sie einst kannte. Vielleicht sind es auch Personen, die sie sich ausgedacht oder in ihrer Parallelwelt kennengelernt hat – ich weiß es nicht. Wenn ich in solchen Situationen bei ihr bin, versuche ich, ihr zuzuhören und dem Aufmerksamkeit zu schenken, was sie beschäftigt. Versuche, für sie da zu sein. Dann blättert sie durch ihren Block und hält bei einer Rechnung inne. 3.999.857,05 €, 3.999.846,25 €,

175

3.999.844,25 €.

Ich frage sie, was für eine Rechnung das sei.

»Jutta holt das, was Baba in die Türkei gebracht hat«, sagt sie und nuschelt leise hinterher: »Das darfst du aber niemandem erzählen.« Dann fährt sie fort: »Ich hole, was Jutta nach Italien bekommen hat.«

Ich unterbreche sie und frage, wer Jutta ist.

»Meine Freundin. Und«, sie holt einmal tief Luft, »die ist tot, und da, wo sie geboren ist, mache ich mit ihr Geschäfte.« Sie reibt sich die müden Augen und erzählt weiter: »Weil wir Freundschaft für immer und ewig gemacht hatten ... und du holst auch einiges, da lasse ich den Magier gucken bei dir, wie viel du aus dem Ausland holst quasi.« Sie schaut mich mit ihren kleinen Knopfaugen an, hört auf zu reden und fängt an zu lachen. Für sie ist das alles logisch: »Wenn das fertig ist, mache ich mit Jutta weitere Geschäfte, und so ergibt sich, dass dann Geld da ist. Das Geld kriege ich durch den Rechtsanwalt, Prämiensparverträge, durch Einkaufen ...«

Die nächste Nachricht erreicht mich um 01:12 Uhr:

Es heißt 2800 Bremen! Es heißt 3000 Hannover! Also ist Hannover in der Nähe von Bremen! Man geht nach Postleitzahlen!

Und:

Es gibt noch andere Bremen!

Süß ist das schon manchmal, wie meine Mutter versucht, mir das Leben zu erleichtern, indem sie mich mit ihrem Wissen aufklärt. Vielleicht ist sie auch immer noch eifersüchtig auf meinen Vater, der mir kurz vor seinem Tod so viele Lebensweisheiten ans Herz gelegt hat. Mein Vater predigte Lebenslust. Er war ein Träumer. Ein Dichter. Ein Denker. Ich sollte das Leben lieben lernen. Das verstand ich lange Zeit gar nicht, weil ich das Leben anfangs als so traurig, schwer und ungerecht empfand. Aber als ich das erste Mal richtig gelacht habe, im Kindergarten mit Yasmin, habe ich auch schöne Gefühle erlebt, die das Leben uns bieten kann. Ich glaube, ich lernte das Leben zu lieben, indem ich ganz viel lachte. Ich bin süchtig danach, jeden Tag zu lachen. Wenn ich ausnahmsweise einen Tag mal nicht gelacht habe, dann schaue ich mir eine Comedy-Sendung an. Auch wenn ich Krisen im Leben habe, ist mir das Lachen sehr wichtig. Das ist meine Interpretation der Lebensweisheit meines Vaters.

Die Lebensweisheiten meiner Mutter drehen sich eher darum, dass ich achtsam mit Informationen über meine Person sein soll und keinem fremden Menschen vertrauen und auch mal über mich selbst lachen soll. Das tat meine Mutter selbst auch oft. Ihr Lachen nahm auch hin und wieder die Ernsthaftigkeit aus ihren wirren und bedrohlichen Gedankenfetzen. Wenn ich die Lebensweisheiten meiner Eltern vergleiche, so heißt es einerseits, die Träume zu leben, und auf der anderen Seite, nicht zu leichtsinnig zu sein.

Wie nah meine Mutter manchmal mit ihrer Weisheit

an der Realität war, erkannte ich erst später. Immer sprach sie von einer bedrohlichen Welt, in der schlimme Dinge passierten. Damit hatte sie gar nicht so unrecht. Meine Welt war spürbar von ihren Halluzinationen geprägt, die sich manchmal tatsächlich als Warnhinweise erwiesen. Zugleich machten mich ihre Wahnvorstellungen belastbarer und somit stärker. Und mit ihrer echten, lebendigen und liebevollen Art befähigte sie mich, mein eigenes Leben zu finden und zu leben.

Um 03:38 Uhr schreibt sie mir:

Wach auf!

Um 05:19 Uhr:

Schalte dein Telefon ein!

Seit einer Weile schalte ich mein Handy nachts aus, da sie mich fast jede Nacht mit Nachrichten und Anrufen zuspamt.

Als Nächstes heißt es:

Von Gourmet Kaffee habe ich gekotzt! Da ist Magensäure von Affen und Scheiße drin!

Das sind Dinge, die mich eher weniger interessieren und in mir ein unangenehmes Gefühl auslösen. Noch schwieriger wird es bei Nachrichten wie der folgenden:

Meide Delia! Gib ihr nichts! Erzähl ihr auch nichts! Sie
hat teuflische Macht! Erst als Delia von zu Hause
weggelaufen war, wurden bei mir und bei den anderen
Kinder geboren! Als Delia geboren wurde, fing bei uns
allen Mobbing an! Da kamen auch Einbrecher. Sie ist
mit den Mächten der Finsternis sehr gut verbunden. Sie
ist was Höllisches. Sie und ihre Mutter haben auch
gemordet und versuchen, mir ihren Mord anzuhängen.

Unwillkürlich mache ich mir Sorgen, denn wieder einmal driftet sie in ihre Parallelwelt ab, deren negative Bilder sie bedrängen. Ich sehe sie vor mir, wie sie die Nachricht schreibt – mit geweiteten Augen, gefangen in ihrem Wahn. Ich hoffe, dass sie sich nicht darin verfängt, und versuche, mich innerlich abzugrenzen.

Später bekomme ich eine weitere Nachricht:

Bist du noch wach? Ich versuche dir Hüttenschuhe zu
stricken. Bei Nichtgefallen können deine Besucher die
anziehen.

Da weiß ich, dass sich ihre Wahnvorstellungen wieder gelegt haben.

Nachwort

Warum meine Mutter erkrankt ist, weiß keiner. Es gibt viele Gründe, weshalb bei einem Menschen Schizophrenie ausbricht. Traumatische Erlebnisse, Drogenkonsum und sogar positive Erlebnisse, wie eine Hochzeit oder die Geburt eines Kindes, können zum Auslöser der Erkrankung werden. Natürlich nur unter der Voraussetzung, dass eine genetische Disposition hierfür besteht.

Wenn ich die Briefe meiner Mutter lese, ist es für mich immer wieder interessant, wenn ich zwischen all den Passagen von »Pass auf Dich auf« bis hin zu »Habe ordentlich aus meinem Darm mit Abführmittel rausbekommen« auf Textzeilen über ihre Kindheit stoße. Diese sind oft verzerrt und haben meistens keine wirkliche Aussagekraft über ihre Vergangenheit, da sie Ereignisse aus meiner Kindheit teilweise mit ihren eigenen vermischt. Aber dennoch wirken manche Zeilen von ihr so klar – Momente, in denen es scheint, als wären die Hirngespinste kurzzeitig verschwunden. Ich stelle mir vor, dass sie früher immer wieder Phasen hatte, in denen die Schizophrenie ihr Leben nicht vollständig im Griff hatte. In denen sie nicht von Angst getrieben, sondern in sich glücklich war.

Sich ständig wiederholende Themen wie Gewalt, Prostitution und Drogen könnten möglicherweise Erlebnisse meiner Mutter gewesen sein, müssen es aber nicht. Es dauerte eine ganze Weile, bis mir das klar wurde. Briefe wie der folgende, den ich meiner Kindergartenfreundin Yasmin aus dem Heim schrieb, zeigen, dass ich erst mit meinem Umzug dorthin den Übergang zur Realität fand. Zuvor lebte ich in der Realität meiner Mutter. Während dieses Übergangs fing ich an, alles zu hinterfragen. Gleichzeitig hielt ich aber noch mit einem Arm an den Geschichten fest, die mir meine Mutter erzählt hatte. Das war nicht leicht.

Liebe Yasmin,

ich vermisse Dich, aber heute hat mir meine Mutter erklärt, dass ich und meine Mutter Ostfriesen sind, aber trotzdem noch Türken. Ich war erschrocken, als ich das gehört habe. Meine Mutter hat mir auch erzählt, dass mein Stiefbruder, der eigentlich mein Halbbruder ist, ein Albino war. Also ein Albino ist jemand, der weiße Haare und rote Augen hat. Aber jetzt hat mein Stiefbruder braune oder schwarze Haare, weil mein Vater ihn verzaubert hat mit Gebeten und Zaubereien aus der Moschee. Er hat ihn verzaubert, weil er Unglück brachte. Darum ist mein Vater auch gestorben. Und an diesem Tag habe ich die ganze Wahrheit erfahren. Ich weiß nicht, was ich davon halten soll. Ich hoffe, Du verstehst mich.

Alles Liebe,

Deine Nilüfer

Trotz der ganzen Hirngespinste gab es immer einen Aspekt, der mir nie entgangen ist: wie sehr meine Mutter mich liebt. Ich habe gelernt, innerlich abzuschalten und auch mal den Kontakt für ein paar Tage zu unterbinden, wenn es mir zu viel wurde oder ich ihr einfach nicht begegnen konnte. Einige Menschen hatten wenig Verständnis dafür und kamen immer mit dem Argument: »Aber sie ist doch deine Mutter.« Sie ist meine Mutter, sie ist aber auch krank. Viele Menschen können sich unter der Erkrankung Schizophrenie nichts vorstellen und zählen sie zur Kategorie einer Depression. Die wenigsten wissen, wie es ist, mit einer schizophrenen Person zusammenzuleben und ihr quasi ausgeliefert zu sein. Gewissermaßen war ich das, denn durch die Wahnvorstellungen und Ängste meiner Mutter isolierte sie mich gleich mit. Und die Glaubenssätze, die sie mir vermittelte, haben mich bis in die Gegenwart hinein beeinflusst: dass die Welt gefährlich und voller Bedrohungen durch für mich nicht sichtbare Wesen und geheime Machenschaften sei.

In Deutschland erkrankt in der Gruppe der Fünfzehn- bis Sechzigjährigen im Durchschnitt ein Prozent der Bevölkerung im Lauf des Lebens an Schizophrenie; dabei kann es sich um kurze Episoden, aber auch akute Erkrankungen mit hoher Rückfallquote bis hin zu chronischer Schizophrenie handeln. Weit seltener gibt es die Konstellation, wie ich sie als Kind erlebt habe: neun Jahre lang mit einer schwerkranken Mutter zusammengelebt zu haben und sogar gemeinsam durch eine Phase der Obdachlosigkeit gegangen zu sein. Indem ich anderen Menschen erzähle, wie Schizophrenie aus der Nähe betrachtet ist, und sie so über die Erkrankung aufkläre, möchte ich das Thema enttabuisieren.

Nach der derzeitigen Auffassung der Ärzte kann der Krankheitsverlauf verbessert werden, sofern ein familiärer Rückhalt aufrechterhalten wird. Meine Mutter wurde von ihrem Umfeld regelrecht ausgegrenzt und verstoßen, da keiner ihrer Verwandten ein Verständnis für ihre Erkrankung aufbringen konnte. Niemand hat sich näher mit der Schizophrenie meiner Mutter befasst. Sie war tabu und wurde demnach verschwiegen. Doch allein schon wegen der Vererbbarkeit der Erkrankung wäre es wichtig gewesen, offen zu kommunizieren. Nicht nur in meinem Fall: Wenn die nachfolgenden Generationen nicht wissen, dass sie eine genetische Disposition für diese Erkrankung aufweisen, ziehen sie womöglich einmal an einem Joint oder nehmen Ecstasy und könnten alsbald selbst schizophren sein – wie ich im vorigen Kapitel erläutert habe.

Auch das Verständnis der Jugend für Schizophrenie ist meist nicht vorhanden, da es nicht genügend oder gar keine Aufklärung in diesem Bereich gibt. Wenn meine Mutter im Bus saß und mit ihrem Sitznachbarn redete, dort aber gar keiner saß, hatte ich immer ein mulmiges Gefühl. Nicht weil ich Angst vor meiner Mutter hatte. Sondern weil sich viele darüber lustig machten, da sie die Gestalten nicht sehen konnten, mit denen meine Mutter sich unterhielt und die sie plagten. Damals gab es noch so gut wie keine Smartphones. Doch heute kursiert wenige Minuten nach einer solchen Situation oft schon ein

Video in den sozialen Netzwerken. Nicht, um aufzuklä-
ren, sondern um zu unterhalten. Dabei wird das Leid
psychisch Kranker ausgeblendet. Für meine Mutter waren die unsichtbaren Gestalten, die sie bedrohten, trauri-
ge Realität.

Neben dem Einblick in die Erkrankung aus den vielen
verschiedenen Sichtweisen meines Heranwachsens bis
hin zum Erwachsenwerden hoffe ich, dass ich auch die
Menschen anspreche, die Ähnliches erlebt haben. Dass
ich Mut machen kann, nicht aufzugeben, auch wenn
manche Situationen im Leben einem noch so schwierig
und blöd vorkommen mögen und die Startbedingungen
sehr ungünstig und unfair erscheinen. Ich bin froh, nicht
alles hingeschmissen zu haben, und auch froh, mich im
Abitur nur noch auf mich konzentriert zu haben. Froh,
mir hin und wieder eine Auszeit von den Hirngespinsten
meiner Mutter genommen zu haben und immer noch
nehmen zu können, ohne ein schlechtes Gewissen dabei
zu haben. Aber irgendwie bin ich auch froh, meine Mutter als Mutter gehabt zu haben, trotz allem. Denn sie hat
mir immer gezeigt, dass sie mich liebt, und das bedeutet
mir viel.

Anhang

Briefe meiner Mutter

Auch wenn sie nicht einfach für mich zu lesen sind, habe ich alle Briefe meiner Mutter aufbewahrt, da sie mir doch sehr am Herzen liegen. Seit ich 2007 ins Heim zog, schickte sie mir mindestens jede Woche einen Brief. Das ist bis heute so geblieben, und mittlerweile sind noch SMS und WhatsApp-Nachrichten dazugekommen.

Es waren mehr als fünfhundert Briefe, die ich las, um eine engere Auswahl herauszufiltern. In dieses Buch aufgenommen habe ich einige der Briefe, die mitten in ihre Parallelwelt führen und zeigen, wie sich ihre Erkrankung äußert. Sie spiegeln die Symptome ihrer Schizophrenie, wie Denkstörungen und Gedankenzerfahrenheit, sowie ihren Verfolgungswahn und ihre Halluzinationen wider. Auf diese Weise helfen sie auch mir dabei, die Krankheit meiner Mutter zu erläutern und selbst zu verstehen.

Daneben habe ich Briefe ausgewählt, die sie in ihren klaren Momenten schrieb, von denen es allerdings nur wenige gibt. Ihre klaren Momente sind jene, in denen sie rational denkt und ihre Wahnvorstellungen und Ängste nicht präsent sind. All ihre Briefe haben jedoch eines gemeinsam: Sie zeigen, was für ein festes Band meine

Mutter und mich miteinander verbindet. Sie erinnern mich immer wieder daran, wie sehr meine Mutter mich liebt. Die Liebe meiner Mutter ist es, die mich fähig gemacht hat … Fähig gemacht hat, dieses Buch zu schreiben und meinen Weg zu gehen. Auch wenn der Halt meiner Mutter sehr brüchig war und ich nicht auf sie bauen konnte, so konnte ich doch immer auf ihre Liebe zu mir vertrauen. Ihre Ängste und Sorgen, die sie mir mitteilte, drücken auch aus, dass sie mich vor allem behüten und beschützen wollte und will. Dass sie nicht möchte, dass ich Ungerechtigkeit und Leid erfahre. Auch wenn mein Leid teilweise die Halluzinationen meiner Mutter gewesen sind, so lese ich ihre Liebe zu mir aus ihren Zeilen heraus.

November 2008

Liebe Nilüfer!
Mir geht es gut. Vor allen Dingen, seitdem wir wissen, dass wir beide Heiligabend und den ersten Weihnachtstag zusammen verbringen können. Ich habe Dich sehr lieb. Denke bitte immer daran. Es kann auch immer viel passieren. Denke bitte daran, dass ich möchte, dass Du weiterlebst.

2008

Liebes Töchterchen Nilüfer!

Ich weiß, ich schreibe Dir nie genug. Vielleicht aber heute.

Sonntag gehe ich nach der Station 12c meine Freundin Doris besuchen. Sie hat zu viel getan und ist dann erkrankt. Ich hätte Dir gern Geld gegeben, damit Du in Holland einkaufst. Aber Du wolltest nicht.

In Briefen wird die persönliche Anrede immer großgeschrieben. Ich werde, weil Du zwei Wochen nicht im Internat bist, viel weinen. Das weiß ich jetzt schon. Du fehlst mir heute schon. Heute ist Samstag, und ich habe viel geweint, weil ich dachte, Du hättest es nicht gut genug [auf Ameland]. Ich habe es nur gut, wenn ich jeden Tag – oder fast jeden Tag – mit Dir telefonieren kann. Lass Dir Deine Ferien nicht durch mich versauen. Du wolltest, dass ich Dir schreibe, was ich so mache. Das alles geht in mir herum, was ich über mich geschrieben habe …

Ich habe Dich ganz doll lieb. An meinem Daumen ist vielleicht eine Sehne gerissen. Hat der Arzt gesagt. Pass bitte ganz gut auf Dich auf.

In Liebe,
Deine Mama

Januar 2009

Mein Liebes!
Ich habe Sehnsucht nach Dir. Du – bevor Du zum Internat kamst – warst meine Lebensaufgabe, Dich

lieb zu haben und Dich zu erziehen. Du warst immer mein Ein und Alles. Du bist mein Ein und Alles. Du bist seit dem 21.05.2007 im Internat. Ich vermisse Dich sehr, und deswegen will ich jetzt arbeiten, weil ich ohne Dich krank geworden bin und immer viel weine. Passe immer gut auf Dich auf! Ich liebe Dich über alles auf der Welt. Nur Du kannst mich trösten, wenn ich traurig bin. Ich brauche Dich.

Alles Liebe,

Deine Mama

PS: Du hast keine Schuld, dass ich krank wurde, sondern ich, weil ich mit Geld nicht klarkam. Aber ich habe Dich unendlich viel lieb.

März 2009

Liebstes Töchterchen Nilüfer!

Ich war heute bei Caritas von der Kirche. Dort habe ich einen Pullover und eine Strickjacke bekommen. Ich war »happy«.

Letzte Woche war ich dort auch und habe eine Menge Bekleidung bekommen, die ich unter keinen Umständen so schnell wie möglich wegschmeißen will.

In der Ergotherapie bastle ich gerade einen Brötchenkorb für uns. Ansonsten geht es mir gut. Ich habe Dich doch sehr lieb.

Schreibe mir – wie es Dir geht. Ich lutsche gerade

einen Bonbon.

Möchtest Du auch welche?

Von jetzt an spare ich für Dich und für mich.

Versprochen!

Versprochen ist versprochen. Und wird auch nicht gebrochen. Für Deine Belange alles und dann mit Dir zusammen für ein Haus.

Deine Anne

Dezember 2010

Liebe Nilüfer!

Als Kleinkind habe ich bei Schnee immer rausgeguckt, wie die Schneeflocken fielen, vom Fenster aus. Mache das doch auch, dann kannst Du relaxen. Bei Regenwetter auch. Und wenn ich aus dem Fenster geguckt habe bei Regen und bei Schnee, habe ich geträumt, einfach so vor mich hin.

Gehe bitte zur Kosmetikerin oder zum Hautarzt und frage, ob Du die Ilon-Salbe für den Ausschlag in Deinem Gesicht benutzen darfst. Ich habe Songs verkauft. Wie viel es dafür gibt, weiß ich nicht. Damit fahren wir in die Türkei.

Alles Liebe,

Deine Mama

April 2011

Liebe Nilüfer!
Ich habe heute mit Deinem Bruder telefoniert. Die in
der Türkei haben Dich nicht bestohlen. Das war Dein
Baba Ibrahim. Er hat Dir 17.000 € gestohlen und
denen in der Türkei monatlich geschickt und
gegeben. Das war natürlich schändlich. Aber ich will
Dir die 17.000 € irgendwie mit Sparen und Arbeiten
beschaffen. Sei nicht traurig. Die in der Türkei
können nichts für Baba.
In Liebe,
Mama

PS: Dein Bruder sagt, weil Du mehrere Male
gestorben wärst, hätte Baba, um Dich zu retten, von
Dir gestohlen.

Um das Jahr 2010

Meine liebste Tochter Nilüfer!
Da ist genmanipulierter Mais in Deutschland.
Esse vorsichtshalber nicht viel Mais, Popcorn und
Erdnussflips.
Rüdiger Drehwitz sagt sogar, dass der
genmanipulierte Mais auf verschiedenste Art und
Weise als Biodünger in sämtliche Lebensmittel und
Luxuserzeugnisse kommen wird. Kann natürlich
passieren.

Aber es gibt Länder, die noch guten Mais haben.
Aus Europa ist der Mais nichts.
Lasse den Kopf nicht hängen!
In Liebe,
Deine Mama

2010

Liebe Nilüfer!
Wie geht es Dir? Mir geht es schon besser! Wenn Du
nicht so schnell mit Sex anfängst, wächst Du nach
dem Islam, bis Du 22 Jahre alt bist.
Ich habe Dich lieb!
Viele Grüße,
Mama

September 2012

Liebe Nilüfer!
Bei Gewitter darf man nicht baden, nicht duschen,
nicht mit nackten Füßen gehen, nicht im Wasser
stehen, nicht rausgehen!
Man darf sich nicht unter Bäume stellen, auch nicht
unter Büsche bei Gewitter sich stellen! Man darf sich
bei Gewitter auch nicht die Haare waschen. Wenn
man ins Bett Pipi gemacht hat, muss man das Bett
schnell wechseln und sich was Trockenes anziehen!
Man darf auch nicht bei Gewitter Fernseh gucken

oder auch nicht Radio hören bei Gewitter! Man darf
nur so wenige elektrische Geräte/Anlagen wie
möglich benutzen!
Deine Schuhe musst Du immer testen in Pfützen
oder im Schnee oder bei Regenwetter (aber nicht bei
Gewitter), ob Deine Schuhe wasserdicht sind!
Wenn Deine Schuhe nicht wasserdicht sind, müssen
Deine Schuhe durch einen Schuster repariert werden!
Alles Liebe,
Anne

Januar 2013

Liebe Nilüfer!
Wasche Dich viel! Mache auch Abfall! Daraus wird
dann Dünger. Ich will in diesem Jahr 2013 mit Dir in
die Türkei fahren. Dann – wenn Du Dünger gemacht
hast – haben wir was zu essen und zu trinken, wenn
wir wieder in Deutschland sind. Wir brauchen denen
in der Türkei nichts mitbringen. Spare Dein Geld,
damit Du Taschengeld in der Türkei hast!
Hole Dir kein Ceterizin! Hole Dir Asthma-Spray zum
Inhalieren und Kamille zum Inhalieren und
Piniment hol zum Inhalieren. Man muss immer klein
anfangen – nicht gleich mit so starken Medikamenten!
Ich habe Dich ganz doll lieb. Pass immer gut auf
Dich auf. Vor allen Dingen im Straßenverkehr und
ob jemand hinter Dir ist!
Anne

März 2013

Liebe Nilüfer!
Du bist klein. Du bist zierlich. Du gehst nicht jeden
Tag auf Toilette.
Damit Du richtig wächst und auch schön wächst,
musst Du Dich richtig ernähren, auch um Strichnin
rauszuschieben und raus Pipi zu machen. Zum
Beispiel Fencheltee, Wasser, Schwarzbrot. Du kannst
auch Knäckebrot essen. Das ist konzentriertes Brot.
Vor allen Dingen viel trinken. Ich werde Dir
Leinsamen besorgen. Leinsamen kann man in
Joghurt, Suppen, Eintöpfe, Müsli reintun.
Schwarzbrot ist auch wichtig. Toastbrot ist nicht so
wichtig. Trinke auch Früchtetee! Esse Obst!
Gehe auch viel an die frische Luft, aber nicht nachts,
abends wenn es hell ist. Wölfe kommen viel nachts in
Rudeln. Fahre nicht bis nach Rotenburg mit Fahrrad!
Wenn mir was einfällt, schreibe ich Dir wieder.
Denke daran, Du musst noch zum Gesundheitsamt.
Alles Liebe,
Mama

Mai 2013

Liebe Nilüfer!
Anbei bekommst Du Wissen von Medien. Ab dem
16.08. würde ich Dich gern besuchen. Ich freue mich
schon auf Dich. Und Du kannst Dich auch freuen,

weil ich nicht mehr so viel telefonieren darf. Für
Mai 2013 muss ich über 60,00 € zahlen, weil ich über
Telekom in der Türkei angerufen habe. Freue Dich
auf die 10. Klasse Realschule! Ich hoffe, Du gehst
zum Gymnasium. Jobbe im Café! Wasche Dich viel.
Das ist gut gegen Depressionen und Psychatrie!
Dusch Dich sehr warm. Das tut gut! Mach das jeden
Tag nach Möglichkeit.
Ich hab Dich lieb!
Anne

2013, Postkarte

Umwickle Deine Beine mit Toilettenpapier und
schmeiß Toilettenpapier dann weg, um Deine Beine
zu beschützen.
Gruß,
Deine Mutter

2013

Liebe Nilüfer!
Ich weiß nicht, wo ich anfangen soll. Du musst
endlich etwas über Medikamente wissen. Hebe diese
Blätter gut auf! Damit kannst Du Dir immer helfen.
Man kann sich immer und überall anstecken. Durch
Erde, durch Scheiße, durch Staub. An Toiletten, an
Atem, durch Handgeben, durch Anfassen, durch Sex,

auch Sex an sich selbst.

Wasche immer Deine Hände vor und nach dem Anfassen in Deinem Gesicht und an Deinem Intimbereich und Deinem Popo! Auch wenn Du bei anderen anfasst! Auch Bus, Straßenbahn und Eisenbahn, Flugzeug, Schiff, Autos erfordern, dass man sich die Hände waschen muss!

Gegen Staub und Erde und braunen Ausfluss nimmt man, wenn man sich leckt, Ibuprofen, Paracetamol, Aspirin (wenn nötig Naproxen: aber nur höchstens drei Tage lang). Ibuprofen, Paracetamol, Aspirin (machen Armschmerzen, wenn man sein Blut kaputtmacht, teilweise, dann nicht weiternehmen, nur bei Armschmerz) kann man bei jeder Ansteckung, jeder Krankheit nehmen.

Aber nicht zu viel davon, auch nicht beides auf einmal.

Alles Liebe,

Deine Mutter

PS: Bei zu viel Müdigkeit merkt man Trichonomaden.

Januar 2014

Sehr geehrtes Institut!

Stören Sie sich bitte nicht an meiner Schrift. Das liegt am Magier, den ich eingestellt habe, und meinen Stiefeltern und Stiefgeschwistern, die ich hatte und die meine Tochter Nilüfer und mich andauernd ermorden wollen.

Das wollen auch deren, meiner früheren Stiefgeschwister, Kinder und Kindeskinder tun. Nilüfer und ich haben es wirklich schwer.

Tut mir leid, dass ich Ihnen erst nach so vielen Jahren die Wahrheit von Nilüfer und mir hier nachstehend schreibe.

Ulrich Olbrecht aus Nürnberg, Spermienvater von Nilüfer, hatte viel Geld dem Jugendamt für Nilüfer gegeben, und zwar über eine Million Euro jetzt.

Nilüfer möchte vielleicht Ärztin werden, aber nur wenn sie das Praktikum mühelos schafft. Das würde sie zerrütten, wenn sie vom Internat weg ist. Nilüfer sollte, bis sie 26 Jahre alt ist, Unterstützung durchs Internat haben. Schulisch und beruflich. Ich bitte Sie darum, dass das Internat Nilüfer weiterhin unterstützt. Ich kann viel nicht. Nilüfer kann bei mir nicht so lange wohnen. Ich habe kaum finanzielle Mittel, um Nilüfer zu unterstützen. Wenn ich woanders für wenig Miete wohne, könnte ich Nilüfer 100 € geben und auch überhaupt nächsten Frühling mehr Geld, aber nur wenn der Rechtsanwalt das einsieht.

Nilüfer ist so dünn. Bitte lassen Sie Nilüfer noch mindestens 2,5 Jahre im Internat wohnen.

Für Ihre Bemühungen bedanke ich mich schon im Voraus!

Hochachtungsvoll,

K. Türkmen

Liebe Nilüfer!

Dusche bitte jeden Tag nach Möglichkeit, da Du vom Tisch wenig wegwirfst. Sonst hast Du zu wenig Dünger für Felder und Äcker und Wiesen.

Tischabfälle werden auch Dünger. Spitze immer Deine Bleistifte und Deine Buntstifte. Du wirst Lesezeichen von mir bekommen. Du kannst die dann anmalen. Male auch ab und zu!

Ins Sanguinis. Das heißt: das Recht des Blutes. Du bist auch mein Blut. Babys bekommen bei Schwangerschaften auch Blut von ihren Müttern wegen Blutzirkulationen. Du hast wahrscheinlich eine andere Blutgruppe als ich. Ich habe gehört, Du möchtest OP-Schwester werden? Erzähl bitte nicht jedermann davon! Viele Verbrecher vom Organhandel wollen dann, dass Du für die illegal arbeitest und operierst und auch tötest und auch Organe beschaffst. Manchmal entführen die einen auch dazu.

Bist Du gesund? Werde größer und breiter! So, für heute weiß ich nichts mehr zu schreiben. Ich sage Dir dann schöne Grüße!

Alles Liebe,

Mama

November 2014

Liebe Nilüfer!
Wie geht es Dir? Mir geht es gut. Kauf Dir kein
Weingummi! Da ist Strichnin drin. Nimm nicht so
viel Strichnin! Die Schmerzen werden immer
schlimmer, und dann stirbst Du davon. Kotzen ist
sehr wichtig! Creme unter die Füße verzögert das
Kotzen und die Schmerzen. Du musst aber trotzdem
Kamillentee und Fencheltee trinken! Holunder nach
Möglichkeit nicht so viel.
Ich habe Dich ganz doll lieb! Pass immer gut auf
Dich auf. Ich würde mich freuen, wenn Du mit
18 Jahren heiratest! Als ich mit Dir schwanger war,
habe ich nicht so viele Eier, Zuckerrübensirup,
Quark, Camembert, Fisch und Vitamin-B_{12}-Produkte
gespeist. Versuch mal, ob Du das alles speisen kannst!
In Liebe,
Anne

2014

Liebe Nilüfer!
Es kann immer mal sein, dass man Freundschaften
verliert. Bastel Dir dann Broschen auf die linke Brust,
dann wird alles besser. Die durch die Brosche dann
kommen, darfst Du nicht nehmen. Musst Du
abweisen, abspeisen, ohne dass sie es merken.
Alles Liebe,

Deine Mutter

2015

Liebe Nilüfer!
Ich hatte zu viel Wasser im Stuhlgang. Dagegen hilft
1 x pro Woche Apfel Mucofalk. Hat man mehr
Stuhlgang. Dir werde ich auch noch Lactulose
bezahlen. Rieche bitte den Zucker, ob da
Amphetamin drin ist. Kaufe Dir auch Würfelzucker
und Süßstoff. Iss dann aber ein Knäckebrot am Tag
mit Belag mehr.
Alles Liebe,
Mutter

PS: Man kann nicht zur Schule. Die Magier in der
Türkei sagen, dass man mit 40 Jahren frühestens
Medikamente nehmen darf, weil man auch körperlich,
als Erstes mit Zähnen, und auch gesundheitlich
geschädigt wird.
Falls Du Babys willst, ich kann Dich und Deine
Babys auch beschützen lassen. Hole Dir von der
Türkei Gebete wegen Hennahochzeiten (Kina gecesi)
und Gebete und Zaubereien (dualar ve sikirler) gegen
Henna. Ist besser. Natürlich können, wie jeder andere
auch, seit 2000 auch wir zaubern durch Deutschland,
aber wegen Voodoo-Brechen vielleicht nicht, oder
nicht so gut. Da muss man verneinen in ganz
normaler deutscher Sprache, kannst auch in

türkischer Sprache und das Verneinte verneinen.
Alles Liebe,
Deine Mutter

PS: Noch besser ist bis 40 g zaubern, dann die ganzen
Medikamente nehmen. Ist für den Körper besser.
Gruß,
Mutter

2015

Liebe Nilüfer!
Gegen Trichonomaden im Mund geht man nicht zum
Arzt, da man immunschwach wird oder die Organe
wachsen. Man trinkt Apfelessig und Alkohol, ruhig
mit Wasser verdünnt. Für den Intimbereich geht man
wegen Trichonomaden dürftig zum Arzt. Man wäscht
sich in der Badewanne mit Essigwasser. Man leckt
sich auch am Anfang der Liebe ein wenig. Dann
nicht. Wenn man sauber ist, könnte man auch mal.
Aber man kann sich auch gegenseitig in den Arm
nehmen.
Pass auf Dich auf! Ich hab Dich lieb!
In Liebe,
Deine Anne

2015

Liebe Nilüfer!
Du hattest viel Creme nicht. Du darfst viel Creme
benutzen. Auch Nivea Creme. Aber Nivea Creme
nicht so jeden Tag. Dafür ist Nivea Creme nicht.
Aber wenn Du Magen- und Rückenschmerzen hast,
dann creme Dich mit Nivea Creme oder Dove Creme
oder mit einer anderen Creme an Magen, Bauch,
Brust und Rücken und an den Seiten gut ein!
Eigentlich hattest Du noch nie Creme bei uns. Wir
hatten es vergessen. Weil Du noch nie Creme hattest,
hast Du auch so starke Schmerzen bei Strychnin.
Creme Deinen Busen, Deine Beine, Deine Oberarme
und Deine Pobacken ein, damit da keine Zellulitis
und keine Streifen entstehen!
Benutze im Schwimmbad und im Meer und im See
und im Fluss immer Tampons, damit keine Spermien
von Männern in Deine Scheide kommen!
Denk bitte immer daran, dass ich Dich unendlich lieb
habe!
In Liebe,
Mama

PS: Sei immer vorsichtig!

2015

Liebe Nilüfer!

Bleib doch einfach im Bett und lese ein gutes Buch und telefonier mit mir und ruh Dich aus. Bereite Dich immer auf die Schule vor, verspreche mir das. Ich bin immer für Dich da. Du weißt, Neonazis töten und hexen an. Sieh Dich vor bitte!

Ich freue mich schon auf das kommende Wochenende, wenn Du endlich wieder mal nach langer Zeit zu mir kommst. Ich habe Dich sehr vermisst. Ich habe jeden Tag geweint. Ich möchte gerne, dass Du anständiger bist, als ich es war. Bitte, gib Dir Mühe. Du wärst dann mein ganzer Stolz. Dein Name bedeutet Reinheit und Unschuldigkeit. Mein Name auch. Aber mir war einiges angehext worden, sodass ich schlechter dastand. Ich hatte und habe Feinde. Passe also gut auf Dich auf.

Deine Dich immer [dreimal unterstrichen] liebende Mutter

Februar 2015

Liebes Kindchen Nilüfer!

Ich habe Dich sehr doll lieb! Das weißt Du bestimmt! Wenn ich über andere Leute schimpfe, ist manchmal was Wahres dran? Benimm Dich bitte vorsichtig! Wenn ich über andere was Übles sage, sind diese bestimmten Leute nicht ganz unschuldig an meiner Meinung über die? Man muss immer vorsichtig sein, nach Möglichkeit übervorsichtig = precantious. Übervorsichtigkeit ist meistens angebracht? Nach

Möglichkeit den Leuten, die ich bei Dir ankreide, nichts durchscheinen lassen!

Wissen = Macht! Denk daran!

Reibe Deine Knie mit Creme öfters ein, bitte! Gehe bitte in der Türkei nicht ins tiefe Wasser – wegen Deinen Knien und wegen Haien. Wenn Du in die Türkei gehst und dort ins Meer, sterbe ich vor Angst um Dich! Versprich mir, übervorsichtig zu sein! Be precantious!

Alles erdenklich Liebe und Gute an Gedanken für Dich,

in Liebe,

Anne

Juli 2015

Liebe Nilüfer!

Vielen Dank noch einmal für die Bekleidung, die Du mir gekauft hast.

Das war ein großes Opfer von Dir. Aber so arm bin ich nicht. 2016 im Frühling bekomme ich über 2000 € vom Prämiensparen. Mach auch Prämiensparen. Das Geld kann man Dir nicht wegnehmen. Das geht über 12 Jahre, der Vertrag! Wenn ich meine Rechte bekomme, mach ich eins für Dich! Du kannst auch! Geht es Dir gut? Wie war die Fahrt? Du bist jetzt sicherlich in Holland! Wie ist das Wetter dort? Die Meise auf der Postkarte soll Dich beschützen, da ich immer Meisen füttere!

Alles Liebe,
Mama

August 2015

Liebe Nilüfer!
Pass im Straßenverkehr bitte immer auf. Wasche Dir
die Hände immer. Auch in der Schule. Da werden
Busse und Bahnen durch Prostatakrebskranke immer
beschmutzt. Ich habe mich damit schon zweimal
angesteckt. Da braucht man Spasmo Urgenin.
Wenn eine Mücke Dich sticht, mach
Essigkompressen. Schmeiß für Schulden immer was
weg. Du hast ab 2015 100 Jahre Zeit, das Geld wieder
abzubezahlen. Ich helfe Dir dabei. Du kannst vom
Jugendamt ruhig das Geld annehmen. Das ist für
Dich. Du kannst auch der Lebenshilfe geben. Wenn
Du dem Hospiz gibst, dann nur Kupfergeld.
Ich habe Dich sehr lieb!
In Liebe, alles Gute, viele Grüße, alles Liebe,
Anne

April 2016

Liebe Nilüfer!
Mach Dir keine Sorgen um das Finanzielle. Du weißt
doch, der Rechtsanwalt hatte Dir 8800 €
weggenommen. Wenn Du auf Toilette warst, wasche

Dir auch immer Deine Hände. Fasse Deine Augen
und Deine Nase nur mit sauberen Händen an.
Mach Dir keine Sorgen um mich. Morgen braten wir
Frikadellen mit Tsaziki und Kartoffeln. Brate Dir
doch auch Frikadellen!
Lieben Gruß,
Anne

2016

Liebstes Nilüfer-Kindchen!
Ich weine immer. Jetzt auch. Meine Betreuerin und
ich wollen jetzt auch noch einmal hinsichtlich meines
Weinens meinen Arzt konsultieren. Ich halte die
Medikamente nicht aus.
Ich hoffe, Dir geht es viel besser als mir. Du weißt
gar nicht – glaube ich –, dass ich Dich am meisten auf
der ganzen Welt – weil Du mein Kind bist und ich
Dich geboren habe – liebe. Nur Dich. Yasmin habe
ich auch gerne, weil sie zu Dir gehört.
Alles Liebe,
Deine Mama

2016

Liebe Nilüfer!
Wenn man 1 x am Tag verdünnten Apfelessig trinkt,
ist das gegen Trichonomaden. Bei Fieber kannst Du

Apfelessig als Badezusatz nehmen, auch Salz. Beides ist auch gut bei Juckreiz im Intimbereich. Von Sitzbädern mit Kaliumpermanganat bekommt man und seine Kinder braune oder schwarze Haare – wie bei uns beiden. Das nannte man früher Haar-Tuberkulose in Deutschland. Man darf sich nicht mit Intimbereichskrankheiten anstecken. Und wenn man es doch gemacht hat, muss man helfen medikamentös. Handtücher müssen bei Intimbereichskrankheiten mit Kaliumpermanganat in der Waschmaschine gewaschen werden.

Ich schreibe, wenn Du willst, gerne Dir die Zehn Gebote auf.

Ich habe Dich ganz doll lieb.

In Liebe,

Deine Mama

2017

Liebe Nilüfer!

Mit den Männern ist das so eine Sache. Ein stinkreicher Mann heiratet nicht so einfach eine arme Frau. Wenn, dann stellt er auch Mordattacken der Frau, die angeblich wahr sind, mit Hexereien oder Filmmacherkunst auf Video. Erpresst die Frau und Kinder, damit sie im Scheidungsfall nicht so viel bekommen. Noch nicht mal das, was sie verdient haben.

Ein Stinkreicher kann immer ungesetzlich und zum

»Schwein« werden.

Spare bitte viel für die Ehe! Sorge dafür, dass Du auch lange arbeitest auf Steuerkarte, ob selbstständig oder im Angestelltenverhältnis.

Passe immer auf Dich auf! Ich hätte auch einen Multimillionär heiraten können, der multinationale Unternehmen hat mit Tochtergesellschaften. Aber auf gut Deutsch: »Die waren alle ein Stück Scheiße. Jeder für sich.«

Ich habe Dich ganz doll lieb und denke immer jeden Tag an Dich.

In Liebe, Deine Mama

2017

Meine liebe Nilüfer!

Ich wollte Dir noch sagen, dass man, wenn man zwischen zwei Stühlen pisst, auch auf den Strich kommen kann. Mache also nur auf der Toilette Pipi. Wenn Dir jemand blöd kommt, gehe ihm aus dem Weg. Mache um ihn oder um sie einen großen Bogen, und meide deren angestammte oder besetzte Plätze! Und antworte denen nicht. Steige in kein fremdes und unerlaubtes Auto. Du darfst nur im Auto fahren, wenn das Internat das weiß und es auch erlaubt! Denke daran, wenn jemand Dir was schenkt, will er auch ein Geschenk.

= Einsamkeit

= Zweisamkeit

= Dreifaltigkeit

= Barmherzigkeit

= Leben

= Sex

= Gebete

= Achtgeben

= Geburt

= Zehn Gebote

Alles Liebe,
Mama

April 2018

Liebe Nilüfer!
Wie geht es Dir, mein Liebes? Mir geht es gut so weit!
Ich werde mich sehr um meine Gesundheit
kümmern! Kümmere Dich auch um Deine
Gesundheit! Iss Äpfel! Trink Calcium Forte Sandoz!
2019 im Sommer fahre nicht in die Türkei und auch
nicht in anderes Ausland, wegen Attentaten, die
dieses Jahr und auch 2019 sein werden! Ab Sommer
2019 werden viele Züge in Niedersachsen nicht
fahren! Bleib in Syke wohnen und spar für ein Auto!
Meide Leuteansammlungen! Wegen Attentaten!
Nicht jeden Tag Dich bitte schminken! Benutz viel
Wasser dann! Nach Möglichkeit schmink Dich gar
nicht! Auch nicht mit Medikamenten vom Arzt! Hebe
die Medikamente aber auf für später! Benutz viel

Wasser! Dusch Dich viel ohne Seife, bring aber kein Shampoo und Seife an die Stellen! An die dunklen, braunen, schwarzen Flecken nicht! Mach ein Sitzbad – wenn es sein muss! Aber ohne Schaumbad und ohne Seife! Trink viel Wasser! An die braunen Stellen vielleicht, aber auf jeden Fall an die schwarzen Flecken mach Petersilien-Absud (10 Minuten im Topf mit Wasser kochen) mit Wattebausch daran!

Schwarze Flecken sind von Arsen! Bis die braunen und schwarzen Flecken ganz weg sind, dauert das jahrelang! Sag das aber nicht dem Arzt.

Allantoinseife kannst Du benutzen, wenn Du willst! Aber keine Cremes, keine Kosmetik! Mach Voodoo-Brechen mehr, damit Du nicht auf dumme Gedanken kommst und Dir auch nicht versehentlich etwas anhext!

Bete: Ich kann nicht scheißen! Dann kannst Du scheißen!

Trink Hagebuttentee! Das stärkt den Darm! Koch mit einem Teebeutel Kamille eine Kanne Kamillentee! Abkühlen lassen! In kleinen Schlucken lauwarm den Kamillentee trinken! Mindestens 2 Tassen! Dann könntest Du Stuhlgang haben! Ist gegen Verstopfung!

Wasch Deine Handtücher und Deine Unterwäsche mit Chlor! An mit Chlor gewaschener Wäsche riechen! Dann kannst Du besser atmen!

Schmerzcreme nicht benutzen! Da sind Gifte drin!

Alles Liebe,

Mutter

Liebe Nilüfer!

Fahr nach Möglichkeit nicht in die Türkei! Spar für ein Auto und Versicherungen und Steuern dazu! Wasche, wenn Moslems Dich in der Politik wählen, fast jeden Morgen deine Arme dafür! Mit kaltem Wasser! Zusätzlich! Am Waschbecken! Wer weiß, wofür das gut ist! Gott und Allah machen vieles möglich! Wie geht es Dir? Mir ging es, als ich etwa um 8.00 Uhr aufgestanden bin, nicht so gut! Ich war total benommen, wie besoffen! Hatte aber keinen Tropfen Alkohol! Sei vorsichtig an der Ostsee! Da sind Schweinswale! Die heißen Schweinswale, weil die Arme, Beine, Köpfe abbeißen! Bitte schwimme in der Ostsee nicht so weit raus! Ich bitte Dich! Schweinswale sind wirklich sehr gefährlich! Das solltest Du wissen! Ich habe Dich ganz doll lieb. Denk bitte immer daran! Das sind keine Lügen, die ich Dir geschrieben habe! Sag beim Vodoo-Brechen nicht – wenn Du nicht mehr kannst –, dass Du sterben willst, sondern dass die selber büßen sollen, da die Dich sonst ermorden! Den Magier! Die Magier haben auch noch durch Gesetze, durch Polizei und Kirchen und Militärs Hinrichtungsstrafen für sich an ihren Personen selber! Wenn Du in der Politik irgendwann aus irgendwelchen Gründen nicht arbeitest, bewirb

Dich beim Radio.

Der September bringt Alkohol. Oktober, November und Dezember bringt Reichtum und Ewigkeit.

Alles Liebe,

Mutter

August 2018

Liebe Nilüfer!

Wie geht es Dir? Schön, dass Du am Wochenende nicht verreist bist! Ich kann Dir einiges schreiben! 1,83 % Rentenerhöhung oder 2,23 % Rentenerhöhung oder so ähnlich für 01.07.2019 ist gut! Denk darüber nach!

1. = Alleinsein, Einsamkeit

2. = Zweisamkeiten usw.

3. = Dreifaltigkeit, Gerechtigkeit

= Barmherzigkeit

= Leben/Welt/Natur

= Sexualität/Ehe

= Gebete

= Achtgeben

= Geburt/Kinder

= Zehn Gebote/Gesetze

= Alkohol

= 12 Apostel/Gleichheit/Freiheit/Brüderlichkeit

Ab dem 1. und 2. Weltkrieg gab es viel Abfall! Die nicht Abfall hatten, müssen mit Hausrat/Hausstand

und Blumen und dergleichen Müll machen! Wenn
immer nur Krankheiten sind – da Medikamente teuer
sind –, gibt es dann fast nur Medikamentenabfall, da
das nach Menge möglich ist! Und nur Küchenabfälle!
Aber es gibt immer Wohlsituierte!
Alles Liebe,
Mutter

August 2018

Liebe Nilüfer!
Ich hoffe, es geht Dir gut!
Bitte wasche Deine Unterwäsche und Handtücher
und einen Teil Deiner Bekleidung mit Chlor. Riech
die gewaschene Bekleidung auch! Du wirst sehen, Du
wirst wacher, und Du kannst besser atmen!
Zieh Dir immer Jacken an! Ich hatte Mäntel und
Jacken und die »Hure Babylon« (= die Türkei) hat
mich verfolgt und kaputtgemacht und meine Mäntel
und Autos zerstört!
Mach Dir nichts daraus, dass Deine Freundinnen, die
Du von der Schule hattest, Dich nicht mehr wollen!
Das sind falsche Schlangen! Du kannst von der
Universität welche kennenlernen und von der Politik!
Im Christentum gibt es vom Mantel auch keinen
Schutz! Sondern von Jacken, weil jemand Bedürftiges
eine Jacke bekam!
Alles Liebe,
Mutter

Danksagung

Ich möchte mich an erster Stelle bei meiner ehemaligen Klassenlehrerin bedanken, die mich dazu bewogen hat, dieses Buch zu schreiben.

Mit der ständigen Unterstützung und dem Lektorat meiner Dozentin habe ich das Schreiben des Buches fortgeführt. Du hast diesen ganzen Prozess begleitet, mich stets motiviert, mir in deinen Kursen Möglichkeiten zum Schreiben gegeben und mich auch privat unterstützt und mir Halt gegeben.

Mein Dank gilt auch meinen ehemaligen Betreuern, ohne deren Unterstützung ich niemals so weit gekommen wäre und die, trotz der vielen Herausforderungen, die Jahre im Heim zu der besten Zeit meines Lebens gemacht haben. Besonders gilt mein Dank meinen beiden ehemaligen Bezugsbetreuern, die mir sehr viel fürs Leben mitgegeben haben. Ihr habt meinen Weg zur jungen Erwachsenen begleitet.

Ich danke meinem Psychologen, der mit mir viel aufgearbeitet und in mir immer so viel Potenzial gesehen hat. Auch du hast mir den Mut und die Motivation gegeben, dieses Thema anzugehen und weiterzuschreiben.

Auch gilt mein Dank meinen langjährigen Freundschaften. Ihr seid der Lichtblick in aller Schaurigkeit, die das Leben manchmal mit sich bringt.

Aber ohne meine Mutter wäre ich nicht die, die ich heute bin.

Ich habe eine Mutter, die schwierig ist, bedingt durch ihre Erkrankung.

Ich habe aber auch eine Mutter, die mich unendlich doll liebt und die ich auch über alles liebe. Auch dir möchte ich danken für all die Liebe und Zuneigung, die du mir seit meiner Geburt tagtäglich gezeigt und gegeben hast.

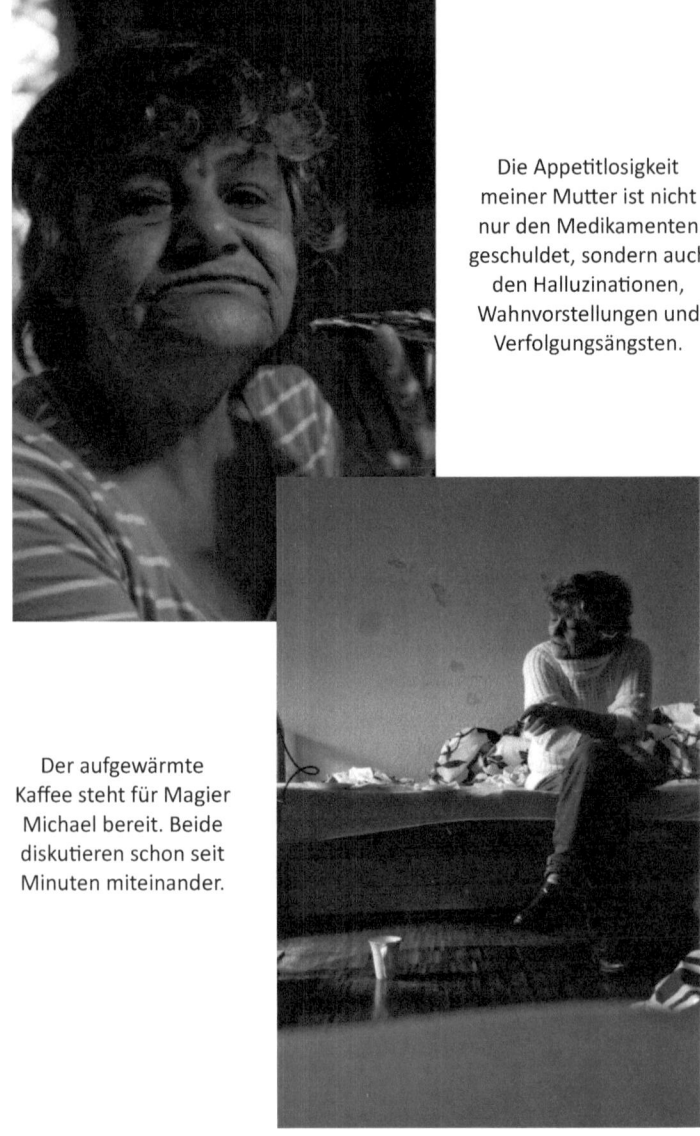

Die Appetitlosigkeit meiner Mutter ist nicht nur den Medikamenten geschuldet, sondern auch den Halluzinationen, Wahnvorstellungen und Verfolgungsängsten.

Der aufgewärmte Kaffee steht für Magier Michael bereit. Beide diskutieren schon seit Minuten miteinander.

Meine Mutter erkennt sich auf einigen Bildern nicht wieder. Eine andere Person sei das, die ihre Identität gestohlen haben soll, sagt sie.

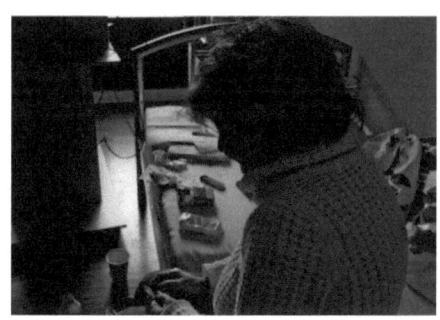

Um den Hirngespinsten im Alltag zu entkommen, zündet meine Mutter sich oft eine Zigarette an. Die Diskussionen mit ihrem Magier belasten sie oft sehr.